LES
FEMMES GRECQUES

AU TEMPS

D'HOMÈRE

ALENÇON

IMPRIMERIE TYPOGRAPHIQUE F. GUY

11, RUE DE LA HALLE-AUX-TOILES, 11

1893

LES FEMMES GRECQUES

AU TEMPS D'HOMÈRE

LES

FEMMES GRECQUES

AU TEMPS

D'HOMÈRE

ALENÇON

IMPRIMERIE TYPOGRAPHIQUE F. GUY

11, RUE DE LA HALLE-AUX-TOILES, 11

1893

LES FEMMES GRECQUES

AU TEMPS D'HOMÈRE

INTRODUCTION

I

Etudier le rôle des femmes au temps de l'antiquité homérique, le présenter sous son jour
véritable, en faire ressortir tout l'éclat, toute la force
et toute la puissance, signaler néanmoins les imperfections d'une société fatalement instable mais intéressante par sa spontanéité juvénile, et chercher
dans les meilleures aspirations de cette société
barbare les éléments d'une solution pour les problèmes que soulèvent la science moderne et le
sentiment contemporain, tel est le sujet de notre
travail. On verra qu'il repose sur les documents
les plus importants de la tradition hellénique, et
sur l'analyse des mœurs générales, plutôt que sur

celle des idées particulières aux philosophes et aux historiens.

Chez tous les peuples qui ont une histoire, le tableau de l'existence sociale des femmes se présente comme l'indispensable complément de la politique. Elles sont l'âme du foyer, c'est-à-dire le centre de tout ce qui, dans l'activité de la nation, n'est pas le maniement des affaires publiques; mais on a observé avec justesse que les gouvernements sont d'autant plus rapprochés du type théorique de la perfection que l'importance dés femmes y est moindre. En général, l'histoire politique consacre peu de pages aux femmes, tandis qu'au contraire celles-ci occupent presque toujours la première place dans l'histoire religieuse, littéraire, artistique ou morale : soit que l'on étudie l'impulsion religieuse donnée par les femmes, soit que l'on veuille analyser l'idéal féminin tel qu'un peuple le rêve, le divinise et l'adore dans son culte, ou tel que le célèbrent les poètes et le figurent les artistes; soit enfin que l'on examine les lois constitutives de la famille, l'éducation, les mœurs privées ou les fonctions sociales des femmes.

Ce sujet, si multiple en apparence, se réduit, en réalité, à un double aspect : considérer les femmes tantôt comme subissant les conditions d'un milieu social donné, tantôt comme réagissant sur ce milieu et contribuant à le modifier. L'activité féminine ne se manifeste pas d'une manière éclatante et soudaine : c'est une influence latente, indirecte, collective; un travail anonyme, continu, qui favorise ou entrave d'une manière décisive l'essor de la société. L'histoire du développement féminin est beaucoup moins une histoire des événements qu'une histoire des idées nationales qui ont été douées d'une vie durable; car en vain l'homme de génie conçoit une idée largement progressive, toute pensée que la femme n'accueille pas à son foyer demeure stérile.

La vie intérieure d'une nation, objet de l'histoire morale et sociale, ne se maintient pas dans des rapports constants avec la politique : tantôt celle-ci domine, et avec elle, l'élément viril ; c'est ce que l'on voit sous le premier empire français où la vie intime était à peu près annihilée ; tantôt — ce fut le cas de la France au xviii° siècle — les mœurs et les idées devancent les lois, le progrès s'accomplit au sein de la décadence politique, et alors l'élément féminin prend le dessus.

La Grèce antique présente alternativement chacune de ces deux manières d'être. Cependant, même à l'époque où la prédominance de la politique fait rentrer davantage les femmes grecques dans le silence de la vie privée, leur situation et leur influence occulte sont liées plus intimement aux destinées de la patrie qu'elles ne le sont aujourd'hui dans la plupart des grands états européens. Cela tient à la différence radicale qui sépare l'idée de la nation telle que nous la concevons, et la même idée selon la conception des anciens.

II

La nation moderne est une unité géographique. La nation antique, la nation hellène, en particulier, était un groupe uni par le sang. C'est la famille devenue tribu, formant à son tour la cité qui, elle-même, démesurément grossie, déverse son trop plein sur des colonies. Alors on voit, au lieu du mouvement de concentration qui, dans la nation moderne va fortifiant l'unité, un mouvement d'extension qui tend à la division et à la dispersion. Pour tout lien commun, il ne reste que des traditions généalogiques véritables ou légendaires ; nul pacte social n'existe, à moins que l'on ne prétende attribuer ce caractère aux amphictyonies.

Pour fixer leurs droits respectifs et leurs rapports litigieux, les républiques de la Grèce se référaient au *Catalogue des vaisseaux* de l'Iliade. Le créateur de l'histoire politique, Thucydide, reconnaît et invoque l'autorité de ce document. Ailleurs le même historien donne pour cause à la guerre du Péloponèse la querelle d'une colonie avec sa métropole, celle-ci revendiquant des droits à la subordination et au respect de ses colonies, au même titre (d'ordre spirituel plutôt que temporel) qu'aurait un chef de famille vis-à-vis de ses enfants émancipés par l'âge.

On peut objecter, d'une part, que dans l'antiquité l'idée ethnique devient une fiction par l'admission d'étrangers et d'affranchis au droit de cité et par la distance qui isole les colonies de la mère patrie ; d'autre part, que la nation moderne n'est pas simplement une idée géographique, la race étant représentée par l'unité de langage et par le droit de cité conservé au citoyen né à l'étranger ; on pourrait dire encore que de nos jours le réveil des nationalités est la renaissance de l'idée de race.

Ces objections, en partie fondées, n'effacent point le contraste que nous retraçons ici. La base de la nation antique, la race, devient un appui secondaire de la nation moderne, et l'élément le moins important, le territoire, est devenu le principal.

La nationalité grecque est définie par Hérodote de la manière la plus nette et la plus simple. Ce qui la constitue, c'est la croyance à une origine commune, croyance confirmée par un ensemble de faits dont les plus notables sont : un langage commun, le culte des mêmes dieux et des mêmes demi-dieux, pères et civilisateurs de la nation (1),

---

(1) La croyance que les dieux de l'Olympe étaient propriétaires des temples et des territoires sacrés, et qu'ils venaient parfois visiter ces propriétés réparties dans les

et l'admission héréditaire aux quatre grands jeux périodiques. Voilà ce qui sépare le Grec de tout ce qui n'est pas grec, c'est-à-dire du barbare.

Au nord de l'Hellade vivaient des peuples dont la nationalité paraissait douteuse aux Grecs. Devait-on les nommer Hellènes ou Barbares, les accueillir en frères, ou les rejeter comme étrangers? L'état de civilisation en décidait et non pas l'occupation de certaines localités ; car, pour appuyer ses prétentions au titre de Grec, il fallait, comme firent les rois de Macédoine, donner des preuves généalogiques ou du moins invoquer les traditions religieuses, une mention dans l'œuvre des anciens poètes ou quelque autre précédent de même nature.

Ainsi la nation se considérait vraiment comme une grande famille, et l'amour de la patrie n'était qu'une extension de l'amour du foyer. Un attentat contre le foyer fait naître la première association des petits royaumes de la Grèce héroïque. Plus tard, dans la république d'Athènes, l'amour de la famille est encore à tel point considéré comme la garantie du patriotisme, que le peuple ne veut nommer généraux que des citoyens mariés. Un des discours de Périclès nous montre aussi que, selon la pensée du grand homme d'État, traduite et cer-

différents états de la Grèce, fut une des causes qui agit le plus efficacement pour empêcher les guerres entre cités de dégénérer en guerres à outrance.

tainement adoptée par Thucydide, l'existence de la cité est avant tout la suprême protection du foyer.

De nos jours le sentiment patriotique, non moins que l'idée de nationalité, a pris un caractère plus abstrait. L'opposition entre la vie publique et la vie privée s'est dessinée et pour longtemps fixée. Si le conscrit breton, par exemple, croit que se battre à l'armée du Rhin ou cultiver le champ paternel, c'est également s'assurer le bonheur de la vie de famille, il n'est pas venu de lui-même à cette croyance. Et si les femmes se passionnent pour une guerre entre deux armées régulières, leurs émotions, leurs angoisses portent sur la vie des combattants aimés plus que sur les résultats politiques généraux de la lutte, car au sein de notre civilisation uniformément améliorée, les différences entre les lois et les mœurs de famille sont peu profondes d'une nation à l'autre, et par comparaison à la guerre antique, la guerre moderne est humaine en dehors du carnage de la bataille. Un changement de frontière, de constitution, de nationalité, résultant d'une guerre, n'altère pas sensiblement et d'une manière directe la sphère d'activité de la femme, la famille. L'invasion même qui ressuscite le patriotisme instinctif chez la nation soulevée en masse contre une armée régulière d'envahisseurs, ne rappelle que de loin la fureur des antiques exterminations. Dans l'antiquité, la défaite c'est la destruction de la cité, et pour l'individu la mort ou l'esclavage. Aussi tout chef de famille est-il guerrier, guerrier d'autant plus solide que les liens d'amour qui l'unissent à ses proches sont plus forts et plus doux. Ce n'est pas de la discipline militaire mais du bonheur domestique qu'il tire sa force et sa valeur.

Homère nous représente le héros Méléagre injustement maudit par sa mère et retiré auprès de sa jeune épouse, tandis que les Curètes menacent la ville de Calydon. N'ayant plus d'espoir qu'en son fils, la mère se repent et vient accompagnée des sœurs du héros, le supplier de les défendre. Mais insensible aux larmes, insensible à la gloire, Méléagre savoure dans l'inaction l'âpre douceur de la rancune et de la vengeance. Cependant le péril approche, l'ennemi escalade les tours et met le feu aux remparts. Alors, saisie d'effroi, la femme de Méléagre tombe pleurante à ses pieds. Elle lui peint les malheurs d'une ville prise d'assaut, les hommes tués, les femmes et les enfants traînés en esclavage. A cette vue, le guerrier s'émeut ; il part, « il cède aux mouvements de son cœur, dit le poète, et préserve les Etoliens de leur ruine » (1).

L'amour de la famille n'a pas pour effet unique d'inspirer aux guerriers le courage et la volonté de vaincre ; il dirige le concours utile de l'activité,

_____

(1) *Iliade*, Chant IX.

féminine au but commun. Par ses soins habituels, par les ressources qu'elle multiplie, par son hospitalité généreuse envers les compagnons du chef, et par le bien-être qu'elle fait régner dans la maison, l'épouse sage et prévoyante accroît, de son côté, les chances de victoire ou de salut de son époux.

Andromaque nourrit de ses mains les chevaux d'Hector. N'est-ce pas de ces serviteurs que dépendra dans la mêlée, le sort du héros? Trahi par ses coursiers, à quoi lui servirait sa vaillance, sinon à bien mourir? « Allons, s'écrie Hector, s'adressant aux nobles animaux attelés à son char, allons Xanthe, Podarge, Ethon, et toi, généreux Lampos, c'est maintenant que vous devez me payer des soins que vous prodigue Andromaque, lorsqu'au retour des combats, elle vous présente le doux froment et vous prépare le vin qu'elle vous sert dès que la soif vous excite, avant même de songer à moi son jeune et florissant époux » (1).

On peut dire que l'édifice social de l'antiquité grecque repose tout entier sur la mère de famille. Non seulement l'intégrité de la race qui constitue l'unité nationale dépend d'elle, mais c'est à elle qu'appartient la direction des travaux de la paix, pendant que l'homme est absorbé par la guerre et par les exercices qui y préparent; à elle encore

(1) Iliade, Chant VIII.

l'éducation première et la transmission des traditions qui, aux époques primitives, sont la seule
base d'instruction, la seule source du progrès, le
seul lien des familles et de l'État (1).

De nos jours, au contraire, les mœurs privées
n'ont plus qu'une action faible et lente sur l'orga-
nisation sociale si complexe, où les armées perma-
nentes et les fonctions administratives arrachent le
citoyen aux influences de famille, tandis que l'harmonie apparente est maintenue par la force des
lois. Ne voyons-nous pas autour de nous l'éducation, les idées et les croyances contraires séparer,
isoler l'homme et la femme, laisser flottants les
liens de la famille et rompre le fil des traditions
domestiques? Qui de nous cependant croit à la
décadence? Qui ne sait que la conservation de
l'existence politique suffit pour donner aux réformes
sociales le temps de s'accomplir? Une société moderne peut demeurer longtemps prospère, malgré
l'antagonisme entre les lois et les mœurs, ce qui,
pour une nation antique, eût été la dissolution et
la mort.

(1) Sur l'amour des traditions et l'étonnante fidélité de
la mémoire aux époques antérieures à l'écriture, voir Grote,
History of Greece, et Delorme, *Les hommes d'Homère*. L'ouvrage du voyageur Pausanias atteste la conservation de cet
amour des traditions antiques chez les Hellènes contemporains de Marc-Aurèle. On retrouve encore de semblables
dispositions chez les Grecs modernes.

III

L'histoire des femmes grecques présente un enchaînement qui nous oblige pour l'intelligence de l'époque héroïque, la seule que nous voulions développer, à esquisser rapidement les époques suivantes. L'existence féminine collective passe successivement en Grèce par trois états correspondant à trois formes politiques qui donnent trois principales divisions chronologiques.

De ces trois grandes époques, la première embrasse les temps héroïques et termine une phase primitive inaccessible à l'historien. Sans nous perdre dans ces ténébreuses origines, nous prenons la société héroïque dans l'*Iliade* et dans l'*Odyssée*. C'est à bon droit que l'on nomme âge homérique l'âge barbare de la Grèce puisque Homère seul nous met en rapport avec ce monde éteint.

A ces deux incomparables poèmes se peuvent joindre quelques indications empruntées à Hésiode et aux Hymnes ainsi que des mythes transmis jusqu'aux siècles de Périclès et d'Alexandre, soit oralement, soit par l'intermédiaire de poèmes depuis lors perdus. Plusieurs de ces mythes et de ces traditions légendaires conservent à travers les modifications considérables qu'ils ont subies, quelque trace de leur physionomie primitive; d'autres, au

contraire, ont été entièrement défigurés, ce sont
ceux que les prosateurs ont transcrits. Nous lais-
serons de côté ces derniers comme des documents
falsifiés, tandis que nous tenons pour des renseignements d'une haute valeur l'œuvre des grands
tragiques d'Athènes, en qui le génie ravive les
passions héroïques et le sentiment vrai des mythes.
Si l'on ôte aux figures d'Eschyle, de Sophocle et
d'Euripide les marques de l'individualité du poète,
et si l'on réduit au besoin le drame à la simple
donnée, on retrouve là l'idéal féminin de la Grèce
héroïque. La Cassandre, la Clytemnestre et l'Atossa
d'Eschyle, la Médée d'Euripide, la plupart des
femmes de Sophocle se rattachent à cet idéal (1).

Mais pour opérer l'analyse délicate des poètes
anciens qui parlent des âges héroïques, c'est toujours Homère qu'il faut consulter. Ses tableaux si
complets sont nécessaires même pour comprendre
les images d'Hésiode plus ternes et plus effacées.
Homère est la source première, pure et abondante,
vers laquelle il faut toujours directement remonter.
Les Hymnes, les Tragiques, Hérodote et Pausanias
peuvent corroborer son témoignage; mais tout
sentiment qui n'est pas exprimé dans ses deux

(1) De toutes les femmes de Sophocle, Déjanire est celle
qui s'écarte le plus de la vigueur homérique. Par sa sensi-
bilité délicate et par sa bonté tendre et mélancolique, ce
caractère touchant se rapproche des héroïnes de Racine.

épopées doit être banni d'une histoire morale de l'âge héroïque.

Après une lacune pour nous insondable, en ce sens qu'on peut indiquer seulement d'une manière approximative la durée de la période de transition, l'époque historique et politique des républiques hellènes remplace les tableaux de l'âge homérique. Depuis l'ère des Olympiades et le siècle des tyrans, des poètes lyriques et des sept sages, la seconde période s'étend jusqu'aux successeurs d'Alexandre et s'achève avec le déclin des forces et la diffusion des lumières de la Grèce.

Enfin la conquête romaine constitue la troisième et dernière phase de l'histoire morale et sociale de la Grèce. Privée d'existence politique, la race hellène brille encore par ses écoles de philosophie, de belles-lettres et de beaux-arts; sa décadence ou plutôt sa lente vieillesse maintient la civilisation dans le monde.

L'ascendant intellectuel de la Grèce vaincue est immense. Dans le duel à mort que se livrent pour l'empire des âmes Rome et la Judée, la Grèce, institutrice de Rome, s'élève peu à peu au rôle désintéressé d'arbitre et de médiateur; elle est le lien entre l'Orient et l'Occident, entre le passé et l'avenir. Par le mouvement scientifique et critique de l'école d'Alexandrie, elle conserve le passé; par son action insensible mais prédominante sur les doctrines hébraïques, elle transforme le monothéisme et l'adapte au génie des peuples européens.

IV

Si nous comparons entre elles ces trois périodes successives sous l'aspect de la famille et de la situation des femmes, nous trouvons qu'à l'époque barbare les liens politiques sont encore mal noués, que la forme monarchique est générale, que l'existence faible et à peine constituée de l'Etat est devancée par la constitution solide de la famille fondée sur la monogamie. Ces trois conditions générales : l'insuffisance de l'institution politique, l'état monarchique où le principe naturel de l'hérédité l'emporte sur le droit plus conventionnel de l'élection, et le mariage monogamique sont essentiellement favorables à la prépondérance féminine.

L'époque de l'autonomie républicaine des villes de la Grèce présente un spectacle très différent. Lorsque l'homme, le guerrier, a constitué un gouvernement libre, lorsqu'il est devenu citoyen en organisant la cité, la femme ne le suit pas dans ce nouveau développement donné à sa vie. Les premières assemblées délibérantes durent être la réunion de combattants victorieux, affranchis par la lutte et disposant d'un commun accord des résultats de la conquête et des produits de la victoire. Le gouvernement des républiques grecques garda toujours de profondes traces de cette origine. Toujours le citoyen eut pour première obligation les charges et les devoirs du soldat, tenant pour un privilège de sa naissance la défense de la patrie aussi bien que l'exercice de ses droits civiques. Sous le régime du gouvernement populaire direct, l'homme, citoyen et soldat, conduit personnellement, sans l'intermédiaire réel ou fictif d'un mandataire quelconque, les affaires politiques ou rapports extérieurs de sa famille ; et la femme administre, très réellement aussi, son intérieur ; le mari, toujours absorbé par ses devoirs publics, n'ayant pas le loisir de s'immiscer dans les affaires de la maison. Ainsi les nécessités de l'administration intérieure de la famille qui exigent un fonctionnaire presque toujours présent, tandis que les nécessités du service militaire ou politique appellent sans cesse l'homme au dehors, ont amené la division des attributions ; et l'importance du foyer antique et le gouvernement républicain direct ont eu pour résultat logique et régulier l'exclusion politique de la femme.

Il ne faut pas expliquer cette exclusion par l'idée, trop facilement attribuée aux anciens, de l'infériorité féminine. Le sacerdoce exercé par les femmes suffirait à faire écarter cette interprétation ; le récit mythologique des circonstances merveilleuses de l'institution du culte à Athènes ne laisse aucun doute à cet égard.

Lorsque Cécrops (Egyptien selon les uns, autochtone selon les autres) eut fondé sa colonie dans l'Attique, Neptune et Pallas réclamèrent, nous dit-on, la souveraineté. Le dieu et la déesse exposèrent alternativement leurs titres à l'appui de leurs prétentions, attendant la décision de la majorité des colons. Hommes et femmes votèrent, ceux-là pour Neptune, celles-ci pour Pallas ; mais le nombre des femmes dépassa d'une voix la moitié de l'assemblée et ce fut cette voix de femme qui assura le triomphe de Pallas.

Ne serait-il pas étrange et contradictoire qu'un peuple aussi religieux que celui d'Athènes (1), chez qui la religion et la patrie se confondaient en un seul amour, fît remonter, l'institution du culte national à la décision d'individus tenus pour incapables de donner un bon conseil dans les affaires quotidiennes ?

On ne doit pas méconnaître toutefois que la privation des droits politiques n'ait pu entraîner à la longue pour les femmes, et indirectement pour toute

(1) Sur le caractère et les goûts profondément religieux des Athéniens, voir Pausanias, Attique. Athènes était à cause de cet esprit religieux considérée par les grands païens de la Grèce et de Rome, comme une ville sainte et très chère aux dieux. Témoins : Pausanias, Cicéron, Plutarque et l'empereur Julien.

la communauté, des conséquences fâcheuses, et produire tout au moins l'inégalité d'intelligence et d'instruction et la divergence des aspirations et des tendances. En outre, dans les conseils et dans les assemblées qui font et interprètent les lois, si les femmes ne sont jamais appelées à manifester leurs opinions, il doit arriver tôt ou tard que les intérêts plus spécialement féminins restent en souffrance, car le silence amène l'oubli. A la vérité une situation révolutionnaire et transitoire peut seule créer des intérêts féminins isolés de l'intérêt commun, et cet antagonisme dut se produire moins à Athènes sous le gouvernement direct, qu'il ne se produit dans les sociétés modernes sous le régime des gouvernements représentatifs.

Remarquons-le afin de bien comprendre la situation de la femme antique; le gouvernement représentatif ne permet pas d'alléguer contre les femmes des empêchements naturels qui s'opposent à ce qu'une femme gouverne, monte à la tribune et combatte personnellement, mais qui ne s'opposent pas à ce qu'une femme libre, majeure, propriétaire, commerçante ou prolétaire nomme des représentants chargés de ses intérêts et, lorsque l'état est républicain, élise les chefs du pouvoir. D'ailleurs, ce même gouvernement représentatif, réduisant à la fonction électorale toute l'activité et la vie publique d'un grand nombre de citoyens, chacun d'eux prétend gouverner sa maison; des conflits d'autorité s'élèvent entre la femme et le mari, et le besoin d'unité dans les rapports extérieurs de la famille introduit, réalise ou affermit dans la société l'idée de la suprématie maritale. Alors, la femme, privée de ses droits et de son autorité de maîtresse de maison, réclame, en compensation de cet amoindrissement, ses droits d'individu libre, droits généralement mal définis et mal présentés.

La République de Solon ne connut point l'antagonisme des droits des deux sexes; on n'y entrevoit que tardivement des indices de cette tendance anarchique, et encore les plaintes que les poètes mettent dans la bouche des femmes accusent la nature et les mauvaises passions de l'homme, plutôt que les lois.

Ces lois, peu connues dans leurs détails, paraissent avoir été sages et prévoyantes. Sans voix à l'agora, c'est-à-dire sans arme pour se défendre, la femme ne fut pas chargée seule de garder ses propres intérêts ; l'État ne s'affranchit point de ses devoirs envers elle par une émancipation hypocrite qui eût été l'abandon du faible. La femme ne fut point leurrée du vain mot de liberté; mineure toute sa vie, c'est-à-dire sous la responsabilité effective d'un de ses proches, fille, femme ou mère, elle tombait à la charge d'un père, d'un mari ou d'un fils, non sans posséder une dot et un douaire bien garantis qui assurassent sa dignité. La veuve et l'orphelin posthume étaient placés sous la protection immédiate de l'archonte, le premier magistral et le plus haut dignitaire de la cité.

Ainsi donc, tandis que la citoyenne ou femme libre (1) participait à la prospérité que le plus libre des gouvernements antiques faisait régner sur sa ville, tandis qu'elle bénéficiait de la douceur des mœurs qui à Athènes défendait les esclaves contre les maîtres, et jusqu'aux animaux contre la brutalité de l'homme, cette femme était tenue à l'abri de la ruine et de la misère par sa minorité perpétuelle. De son côté, le citoyen qui avait presque toute sa vie sous sa tutelle une ou plusieurs femmes de sa famille, était rappelé par sa responsabilité et par son intérêt personnel permanent, à la bonne solution du problème que l'on appelle de nos jours la *question des femmes*. Quant aux esclaves, leur existence était également assurée. L'union illégitime que pouvait contracter avec son esclave le maître qui l'avait achetée, avait, du fait même de l'esclavage, le caractère de la stabilité, ce qui, à défaut de la liberté de consentement, donnait la sécurité et laissait même une certaine influence à la *Pallacé*; dans une position très inférieure assurément, elle n'était pas du moins dégradée à ses propres yeux ou à ceux de son maître. Entre les deux situations extrêmes de l'esclave et de la ci-

(1) Ἡ ἀστή, ἡ ἐλευθέρα γυνή.

toyenne, se trouvait la nombreuse catégorie des femmes étrangères, les *Mélèques* parmi lesquelles se recrutaient en grande partie les célèbres hétaïres, dont la vie incertaine, changeante, animée et agitée avait en compensation de la sécurité et de la protection qui manquaient, le brillant, la gaîté, l'imprévu, l'éclat de la renommée due à la beauté, à l'esprit et aux talents, parfois même la gloire. Jamais Athènes ne connut cette plaie sociale moderne, ce prolétariat dans le prolétariat, les femmes déclassées, libres, il est vrai, c'est-à-dire abandonnées à leur faiblesse dans la lutte pour l'existence, et condamnées à subir, par misère, les plus cruelles humiliations de l'esclavage.

Celles d'entre les femmes hellènes à qui la tutelle légale et la vie domestique semblaient un joug trop lourd pouvaient s'en affranchir, mais à l'aide d'une volonté bien déterminée, puisqu'il leur fallait abandonner leur maison et leur ville pour aller dans quelque autre cité, à leurs risques et périls, grossir les rangs des étrangères et des aventurières.

En Grèce, ne l'oublions pas, le titre de femme libre, synonyme de citoyenne et de maîtresse de maison (1), donnait droit au respect de tous,

(1) Οἰκοδέσποινα. Dans Homère : γυνὴ δέσποινα. Le nom sanscrit de la femme mariée signifie également la *Maîtresse.* — Voir *Essai de mythologie comparée*, par Max Muller. Paris, Durand, 1859.

car il rappelait l'idée de noblesse et de souveraineté. Le sens moderne de cette même expression
femme libre forme, avec sa signification antique,
un contraste qui n'est pas à notre avantage. \

Nous le répétons : s'il est vrai que les citoyennes
d'Athènes ne connurent point la dégradation de la
misère, s'il est vrai que les étrangères et les esclaves qui vivaient dans des unions nécessairement
illégitimes ne furent point chargées de la flétris-
sure morale attachée à la notion de péché, s'il est
vrai que le citoyen d'Athènes n'avait pas dans ses
croyances ces malédictions contre l'amour qui
retombent en malédiction contre la femme, néanmoins il suffit, pour amener graduellement l'infériorité de celle-ci, d'une conséquence indirecte de
l'exclusion des droits politiques.

L'éducation solide, multiple et toujours plus dé-
veloppée qui devint indispensable au citoyen tour
à tour guerrier, orateur et administrateur de la
chose publique, ne fut pas donnée à la jeune fille.
De moins en moins initiée aux réalités de la vie et
aux idées générales par l'homme que ses diverses
fonctions publiques retenaient loin d'elle, la mère
de famille ne transmit à ses descendantes qu'une
éducation toujours plus faible à laquelle l'influence
religieuse n'ajoutait qu'un complément plutôt
esthétique que moral, par la participation au culte et
au sacerdoce polythéiques. Enfin la vie confinée au
milieu d'esclaves superstitieuses, sans conscience,

véritables âmes damnées de leur maîtresse (1), accéléra le mal produit par l'ignorance.

La direction intérieure d'une maison, toujours plus considérable que les *ménages* des classes moyennes parmi nous, la surveillance difficile des esclaves, la conservation de la fortune privée qui, pour une bonne part, consistait alors en produits naturels accumulés et mis en réserve, le gouvernement pratique de la famille, enfin, exigeait des facultés d'administrateur pour lesquelles les Athéniennes ont reçu de nombreuses louanges; mais le sentiment du devoir qui produisait ces bons résultats dut faiblir dans sa lutte contre l'ignorance, la paresse et la coquetterie associées. La femme légitime, sûre de son droit et de la protection de ses proches, n'était pas humble et soumise comme l'esclave, et elle n'avait pas non plus l'originalité, le piquant et les séductions, même intellectuelles, de l'hétaïre. Cependant, elle enchaînait la liberté de l'homme. En même temps que l'éducation préparait la scission intellectuelle et morale de l'homme et de la femme, chez le premier s'affaiblirent le sentiment religieux et le patriotisme qui faisaient du mariage et de la paternité légitimes un devoir envers les dieux et la cité. Le mariage devint donc, aux yeux du citoyen, une charge sans com-

(1) L'Œnone de Racine est un exemple frappant du rôle de l'esclave principale (souvent la nourrice) auprès de la matrone grecque.

pensation suffisante, et cessa, dans les derniers temps de l'autonomie, d'être la condition universelle.

Lorsqu'eut lieu l'assujettissement de la Grèce, le foyer antique s'éteignait, l'unité de la famille était brisée. Alors, sous la domination romaine, la situation morale des femmes se modifia considérablement, et leur destinée tendit, comme depuis chez les modernes, à dépendre surtout de l'opinion générale. La vie politique, cause principale de la supériorité de l'homme, manquant à celui-ci, il redemanda tout le bonheur à la vie privée ; au sein de la famille il trouva ses seules satisfactions et le seul stimulant de son activité. L'équilibre et l'égalité se rétablirent entre les sexes par l'abaissement politique de l'un et par l'élévation de la valeur intellectuelle et morale de l'autre.

Cette époque abonde en femmes illustres dont le nom parvenu jusqu'à nous, rappelle des talents de premier ordre ou bien un prestige personnel ineffaçable. Cléopâtre, Hélène d'Alexandrie, Lala de Cysique, Asclépigénie d'Athènes et son élève Hypathie se détachent de leurs groupes comme les reines d'un essaim de célébrités. Cette splendide manifestation du génie féminin chez les Grecs de la décadence antique fut favorisée surtout par l'extension que prirent les relations de société devenues plus fréquentes qu'auparavant entre les personnes des deux sexes. Comme la maison avait

perdu son importance en cessant d'être le noyau
de la cité, la vie des femmes, dégagée des charges
qui l'absorbaient, se répandit davantage au dehors. Elles prirent une part croissante à la culture
des lettres, des arts et des sciences; la liberté des
mœurs leur permit de développer toutes les séductions de leur nature individuelle, et elles conqui-
rent quelques-uns des charmes de l'hétaïre, en
conservant la tenue et la dignité morales de la
femme libre. Aussi, l'opinion de quelques philosophes païens qui, par austérité et pour réagir
contre les entraînements de la volupté, exprimè-
rent la crainte et la méfiance des influences féminines, ne fut-elle jamais une attaque contre les
douceurs de l'amour conjugal:

Plutarque nous a laissé dans ses écrits de nombreux modèles de ce sentiment tel qu'il le conce-
vait et l'éprouvait lui-même. D'accord avec l'idéal
de Plutarque, la biographie de plusieurs hommes
éminents de la décadence de la Grèce nous retrace
la pure et noble image de la confiance mutuelle,
du respect, du fidèle attachement, de l'unité et de
l'harmonie qui faisaient véritablement du mari et
de la femme les deux moitiés d'un tout.

Auprès de cette belle conception de l'amour conjugal, apparaît le culte chevaleresque de la femme
tel qu'il se développera à Byzance, pour de là passer en Occident et se fondre avec l'idéal germanique. Dans les œuvres de l'empereur Julien, une

lettre à Callixène (1) grande prêtresse de la ville de Pessinunte offre le plus heureux mélange de la courtoisie envers la femme et des convenances du langage officiel du chef de l'État s'adressant à un haut fonctionnaire; et le discours sur l'impératrice Eusébie est le premier exemple, peut-être, de l'amour platonique du chevalier du moyen-âge envers la dame de ses pensées. Du côté du jeune César règne la crainte, la timidité, quelque chose de l'émotion de Dante en présence de Béatrix. Du côté d'Eusébie, c'est la protection morale et cette sorte de maternité spirituelle qui caractérisera plus tard les rapports de la châtelaine avec le page, sentiment qui n'aura pas toujours la pureté qu'on lui voit chez Julien, mais qui, alors même qu'il couvrira d'un voile hypocrite les plus déplorables licences, conservera sa poétique beauté, sa vérité idéale.

A mesure que les sentiments, les affections remplacent les liens sociaux relâchés durant la décadence de l'empire romain, les qualités pratiques et les côtés positifs du caractère féminin sont moins en lumière; c'est l'intelligence et l'imagination qui, chez la femme, prennent le dessus. L'amie, la compagne, la consolatrice et la bonne conseillère

(1) Julien, Œuvres, tome III, traduction Tourlet. Le collège des prêtresses de Cérès et en particulier Callixène avaient fait preuve d'un beau courage sous la persécution de Constance.

devient la Muse inspiratrice ou bien le génie tentateur, la passion incarnée, la cause immédiate de toute perdition. Lorsque finalement, le souvenir de l'antique matrone se sera effacé, femme et chimère, comme amour et folie, seront synonymes dans l'opinion dominante. Et la part active que les femmes grecques auront prise à l'établissement du christianisme et qui prouve tant leur initiative et leur puissance, sera ou méconnue, ou à tort invoquée comme preuve de l'infériorité où les tenait la société antique.

Le travail lent et anonyme des femmes de la Grèce et de Rome qui, adoptant les doctrines de saint Paul, ont modifié par le charme l'idéal féminin un peu rude et sévère de l'apôtre, peut échapper à l'observation. Mais il est d'illustres noms de femmes qui personnifient dans l'un et l'autre camp leur rôle considérable. Du côté des vaincus, apparaît l'incomparable figure d'Hypathie (1), l'idole brisée d'Alexandrie, la belle et savante mathématicienne, l'éloquente philosophe victime des moines, qui fut une martyre sans autels. Dans le parti vainqueur, nous trouvons chez la mère et la sœur

(1) M. J. Barni, dans son livre intitulé : *Les Martyrs de la libre pensée*, a consacré une place importante à la biographie d'Hypathie. Cette intéressante notice, bien que succincte, montre, d'une manière saisissante, la situation morale de la femme à cette époque.

de Grégoire de Nazianze, une intéressante combinaison de l'instruction et de l'éducation hellènes avec le type chrétien de l'austère sainteté. Cet intérieur de famille qui tient du couvent et du gynécée, n'a rien de l'ascétisme barbare qui tendra à prévaloir par la suite.

En dépit des exemples de vertus donnés par tant de femmes éminentes, l'esprit charnel des Hébreux continua d'imposer au christianisme la notion de la souillure morale de la femme et, par suite, son incapacité pour les fonctions sacerdotales ; mais le monothéisme ne prévalut point contre les antécédents polythéistes qui voulaient maintenir la femme au rang des dieux. Dans quelle large mesure l'esprit de la Grèce et l'initiative de ses femmes a contribué au culte de la Vierge Mère, ce n'est pas le lieu de l'étudier ; mais le problème est d'un trop haut intérêt pour que nous ne rappelions pas ici que les temples de Pallas-Athênê devinrent sans transition des églises de Marie ; que les traits de la déesse et ceux d'Hélène, mère de Constantin, concoururent à former le type de la Panagia ; que la Madone prit d'abord beaucoup plus d'importance dans l'église grecque et dans l'art chrétien d'Orient que dans les catacombes de Rome, et que la plus ancienne image de la Vierge-Mère qui soit en Italie conserve encore le nom d'Impératrice en souvenir de son origine. Ainsi Athènes et Byzance ont transmis à l'Italie du moyen-âge l'idée et l'image de la déesse tutélaire par qui le grand art devait renaître.

Résumant ces aperçus, nous disons que la femme de l'antiquité grecque a passé de l'égalité et de la grande importance sociales qu'elle avait par rapport à l'homme aux temps homériques, à la subordination durant la période politique des républiques, pour revenir à l'égalité morale comme épouse lorsque la destruction de la cité lui a fait perdre la protection et les privilèges assurés à la citoyenne.

CHAPITRE PREMIER

L'Iliade et l'Odyssée
considérées comme peintures de mœurs.

L'âge homérique dont le lien avec les époques antérieures d'une part, et de l'autre, avec les temps historiques plus rapprochés de nous, échappe presque entièrement à notre vue, est, dans son isolement, un tableau complet en soi. On y admire l'enfance et l'adolescence d'un grand peuple dont le caractère, déjà nettement formé, porte en lui-même le germe d'un glorieux avenir. Le génie grec se montre alors sous un aspect d'unité qui, avec les siècles, ira s'affaiblissant au lieu de se fortifier, lorsque des tendances divergentes librement et puissamment développées, aboutiront au dualisme de l'esprit dorien et de l'esprit ionien. Avant Homère, les rameaux de la race hellène ne sont point encore réunis sous un nom collectif. Du pays qui s'appellera Hellade, on entrevoit à peine un littoral visité par des marins de l'Asie et occupé temporairement peut-être, par des colonies venues d'Egypte et d'autres pays, qui restent étrangères entre elles; on découvre un vague territoire en proie aux invasions, parcouru par des peuplades errantes et fugitives, ou habité par ces tribus agricoles des Pélasges qu'une ébauche de civilisation fixe d'abord dans les plaines et dans les plus fertiles vallées.

Aux temps décrits par l'auteur de l'Iliade, la civilisation a pris son essor: une évolution décisive s'est accomplie. Les Hellènes se considèrent comme des frères; ils poursuivent une commune vengeance, unis par le ressentiment de l'outrage infligé à l'un d'eux. Le siège de Troie, le premier acte d'une association panhellénique, montre une concorde plus intime que celle des fédérations républicaines du ve et du ive siècle; et cette manifestation extérieure de l'unité grecque s'appuie sur la conformité des sentiments individuels des hommes d'Homère.

Ici se pose une question importante. La physionomie des héros n'appartient-elle pas pour une forte part à l'individualité du poète, et notamment cette conformité des sentiments et des mœurs si grande d'homme à homme, et d'un sexe à l'autre, ne doit-elle pas être attribuée à la conception propre d'Homère? Non, ce serait méconnaître en un point essentiel pour notre étude, le caractère des deux grandes épopées nationales de la Grèce que d'en juger ainsi. La ressemblance morale et ce que nous appellerons l'air de famille des héros et des héroïnes s'explique suffisamment par la simplicité relative des mœurs barbares.

Il n'appartient pas nécessairement à notre sujet de discuter la personnalité d'Homère et le caractère historique, mythique ou légendaire de ses incomparables poèmes (1), puisque nous nous bornons

(1) D'après tout ce qui suit, on reconnaîtra que nous admettons l'existence individuelle d'Homère. Le caractère général et les proportions de notre étude, ainsi que le cercle de lecteurs que nous avons surtout en vue, nous engage à nous tenir en dehors de l'érudition pure et nous dispense de démontrer notre croyance. D'ailleurs, même en partageant la doctrine de Wolff qui n'a plus aujourd'hui beaucoup d'adhérents, on pourrait encore suivre utilement nos aperçus. — Les objections contre l'existence d'un Homère s'appuient sur deux ordres de faits : (sans parler du manque d'indications biographiques concordantes) 1° le caractère national, collectif, impersonnel de l'œuvre ; 2° les difficultés philologiques beaucoup plus graves que les difficultés esthétiques. La critique allemande qui a soulevé ces objections a obtenu de très importants résultats. Elle a fait connaître le mode de formation de l'épopée ; elle a posé la question nouvelle de la collaboration populaire à la création des chefs-d'œuvre. Mais ses négations passionnées n'ont point donné la solution définitive. Aujourd'hui, ce n'est pas seulement l'étude de l'épopée, c'est l'étude des arts, de la forme, c'est aussi le sentiment de tout penseur et de tout véritable artiste qui veut que l'on attribue à un homme de génie la mise en œuvre de matériaux accumulés et le couronnement d'un monument construit par plu-

à les considérer comme des peintures de mœurs. A ce titre, leur autorité est à bon droit incontestée chez les modernes comme chez les anciens. Non seulement le peuple dépeint dans ces créations

sieurs. On peut faire une large part aux prédécesseurs d'Homère, puis aux contemporains de Pisistrate qui les premiers recueillirent par écrit l'*Iliade* et l'*Odyssée*. On pourrait encore, avec M. Grote, attribuer chacun des poèmes à un auteur différent; ou bien insister sur les ravages du temps, sur les remaniements et les interpolations; mais nier l'unité de pensée d'un bout à l'autre du même ouvrage, nier surtout la composition de l'*Odyssée*, c'est substituer à une incertitude une incertitude plus grande. Le lecteur qui *a priori* croirait à l'incohérence des chants de l'*Iliade* n'en jouirait que faiblement et les jugerait très imparfaitement. Nous ne craignons pas d'ajouter qu'il est difficile de lire deux passages, l'un dans l'hymne à Apollon, l'autre dans l'*Odyssée*, où Homère appelle la sympathie sur un poète aveugle, sans éprouver une de ces émotions irrésistibles qui renversent les opinions échafaudées seulement sur l'érudition et l'analyse. Un fait certain, c'est que les poètes successeurs d'Homère, tinrent les sujets qu'il avait traités pour définitivement consacrés et ne les reprirent jamais comme thème de compositions nouvelles. En outre, Thucydide qui ne connaissait pas l'œuvre homérique dans son état primitif attribue à la fois à Homère l'hymne à Apollon et l'*Iliade*; ce qui nous paraît ôter quelque force à l'argument tiré de différences de dialectes.

Enfin la considération qui, selon nous, doit l'emporter, c'est qu'il n'y a pas de raison d'accorder à l'être collectif la plus haute faculté de l'homme, la conception abstraite, la composition, la puissance de créer et l'art de combiner, si on la refuse à l'individu. Où il y a une grande pensée de d'une beauté si vivante aima toujours à s'y reconnaître et ne cessa jamais d'y croire et de les admirer après les avoir conservées plusieurs siècles durant sans le secours de l'écriture (1); mais nous-mêmes, nous pouvons constater dans les lois et les usages des temps historiques de la Grèce, la trace de nombreuses coutumes homériques transmises avec des modifications légères, en égard au chan-

génie exprimée, il y a eu un homme de génie. Homère pense, donc il est. L'examen détaillé de toutes les pièces du procès homérique ne nous amènerait pas à une autre conclusion.

(Cette note était écrite lorsqu'a paru une étude du professeur André Cherbuliez sur l'histoire de Smyrne où le savant helléniste donne sur la personnalité d'Homère une appréciation toute conforme à la nôtre. « Dans les débats que la question d'Homère continue de susciter de nos jours, les points de vue exclusifs et la manie des hypothèses perdent faveur de plus en plus, et la critique se fraye une voie différente de celle de Wolff et de son école, sans méconnaître les éléments de vérité que renferme ce système; elle ne dissimule pas les interpolations, les remaniements qu'a dû subir nécessairement le texte de l'*Iliade* et de l'*Odyssée*, mais pour elle ces productions du génie ne peuvent être une œuvre collective; les combinaisons d'un art évident quelque instinctif qu'il puisse être, l'unité de caractère dans l'invention et dans le style confirment à la suite d'études approfondies, le sentiment général de l'antiquité. »)

(1) M. Grote évalue à une durée de deux cents ans la transmission orale des poèmes homériques.

gement des circonstances. Entre autres preuves de la véracité d'Homère et de la continuité des mœurs qu'il a décrites, citons : les banquets publics et les repas à frais communs, les assemblées du peuple et, dans l'ordre des faits dont nous nous occupons directement, les cérémonies de la noce qui pendant toute la durée de la république d'Athènes, consistent, comme dans l'Iliade, en un festin solennel, avec le chant d'hyménée et la procession aux flambeaux; des conventions matrimoniales concernant le douaire et la dot; et jusqu'à la singulière coutume qui assure au mari trompé des dommages et intérêts dus par le séducteur de la femme. (Les lois de Solon sont d'accord sur ce point avec l'épisode de Mars et de Vénus pris aux filets de Vulcain). A ces coutumes d'un caractère trop spécial pour ne pas se rattacher à une même origine, nous pourrions ajouter des sentiments et des habitudes, des dispositions communes à Sparte, à Athènes et à la rustique Arcadie, si différentes entre elles pourtant, qui marquent bien la persistance du type Grec à travers les siècles et sa filiation en ligne directe de la race des héros. Et si l'on cherche en vain chez ceux-ci le dédain haineux envers l'étranger qui prévaudra plus tard et s'exprimera dans l'antithèse de Grec et de Barbare, cela s'explique aisément; puisque les hommes d'Homère reçoivent du dehors les arts, le progrès et la civilisation, tandis que les contemporains de

Thémistocle verront leur civilisation supérieure incessamment menacée de périr par l'étranger. Ainsi, ceux des caractères de la vie grecque qui se sont effacés avec l'évolution historique, et ceux qui se sont conservés attestent également la fidélité des peintures d'Homère. De là, la possibilité de fonder sur deux œuvres d'imagination une étude sur la situation morale et sociale des femmes.

Quant à l'importance relative de l'un et de l'autre poème à ce point de vue, l'Iliade ne sera pas pour nous une source aussi abondante que l'Odyssée. L'Iliade dépeint l'état de guerre, l'Odyssée, l'état de paix. Le premier poème célèbre un grand acte de politique générale. Il représente la vie publique et l'aspect extérieur de la civilisation héroïque ; le lieu de la scène est un territoire étranger à la Grèce et le rôle principal appartient au guerrier qui seul commande et agit ; devant lui tout s'efface, le prêtre même tremble comme Calchas ou, s'il lutte comme Chrysès, c'est en appelant la malédiction d'un dieu sur son oppresseur. Le second poème représente la vie domestique, la situation intérieure de la Grèce ; la majeure partie des événements se passe dans les îles et sur le continent grecs ; le centre de l'action est une femme. Le guerrier a perdu sa suprématie, tandis que l'aède ou poète et le laboureur deviennent des personnages principaux. C'est la volonté de Pénélope qui, dans l'Odyssée, dirige les événements et qui forme le nœud du drame, tandis que la vie ou la mort d'Ulysse en sera le dénouement heureux ou malheureux ; jouet des dieux amis ou ennemis Ulysse vivra si Minerve l'emporte, il mourra si Neptune est le plus fort. Mais quelle que soit l'issue, l'intérêt du roman lui-même repose sur la conduite de la femme isolée, faible, sans appui, chargée de défendre les droits et les intérêts de son époux et de son fils mineur jusqu'au retour de l'absent ou bien jusqu'à ce que la certitude de sa mort relève la veuve de sa mission. La destinée féminine est bien différente dans l'Iliade. Hélène, Briséis, Chryséis ne sont que les causes passives d'un conflit. Et si Cassandre, Hécube, Andromaque offrent des caractères admirablement tracés, il est de leur essence même de ne pouvoir réagir contre la violence implacable des faits. Qu'Hélène veuille quitter Pâris, la guerre ne cessera pas pour cela. Pâris a reçu l'hospitalité dans le palais de Ménélas et il a profité de l'absence de ce roi pour enlever sa femme avec toutes les richesses de celle-ci, circonstance qui transforme l'adultère en injure nationale. La guerre commencée, des haines se sont envenimées que le retour d'Hélène n'apaiserait point. De part et d'autre on a des morts à venger, et la destruction de Troie ou celle de l'armée grecque est une alternative fatale que rien ne peut plus conjurer.

Homère a glorifié respectivement dans ses poèmes la force virile et la ruse féminine consacrées au bien général. Les ruses de Pénélope appartiennent directement à notre sujet et non pas les prouesses d'un Achille. En outre, l'Iliade est une œuvre purement esthétique, une œuvre d'art dont on se figure l'auteur comme un héros chantant devant d'autres héros les hauts faits de leurs communs ancêtres. Dans l'Odyssée, l'auteur a des tendances moralisatrices évidentes; ce n'est plus le simple narrateur qui partage les opinions et les passions de son auditoire ; c'est un supérieur qui se donne la mission de guider des inférieurs dans la voie du bien, qui se propose d'instruire et d'éclairer en intéressant, et qui, pour atteindre son but, raconte une sorte de *morale en action*. Les personnages de l'Iliade, tels qu'Achille et Hector, inspirent l'admiration et l'étonnement. Ceux de l'Odyssée, Pénélope, Eumée, Euryclée, véritables modèles de conduite, doivent inspirer le désir et la volonté d'agir comme eux. Dans l'Iliade, Homère formule rarement son propre jugement; tout au plus pressent-on parfois, d'après l'énergie redoublée de ses accents, ce qu'il approuve et admire et d'après une sorte de réserve tacite, ce qu'il blâme. C'est ainsi que, pour indiquer la réprobation d'un acte féroce d'Achille, lorsque celui-ci immole douze prisonniers sur le bûcher de Patrocle, le poète se borne à écarter les autres Grecs du lieu de la scène et à dire que nul n'avait pu calmer la fureur du héros (1). De même, lorsqu'il veut désapprouver les tendances despotiques d'Agamemnon ou de Jupiter, il met dans la bouche de Nestor ou de la reine de l'Olympe une protestation énergique contre les décisions prises sans l'assentiment des chefs. « N'aie d'autre loi que ta volonté, s'écrie Junon, mais n'espère pas obtenir le suffrage des dieux (2). »

Dans l'Odyssée, l'auteur fait connaître plus explicitement ses opinions et son idéal qui est le progrès de la civilisation et le développement de la sociabilité appelée à vaincre la sauvagerie primitive. Outre que la donnée du poème est un problème moral, les personnages ne se contentent pas de bien agir, ils accompagnent leurs actes de déclarations de principes ; ayant soin de se rappeler les uns aux autres les convenances, les obligations imposées par la coutume et les préceptes religieux. Ainsi, l'on pourrait dégager de l'Odyssée un code complet de l'hospitalité héroïque. Les paroles d'Eumée montrent surtout l'aspect religieux de ce grand devoir social ; et celles de Ménélas et d'Alcinoüs son côté chevaleresque ; tandis qu'Hélène et Arété représentent l'hospitalité féminine, aimable, prévoyante, affectueuse et embellie par les grâces. Des faits significatifs, d'une part Télémaque sauvé par le fugitif Théoclymène, en retour

(1) *Iliade*, Chant XXIV.
(2) *Iliade*, Chant XXIV.

d'un noble et confiant accueil, de l'autre, les malheurs bien mérités du Cyclope sans foi qui ne craint point Jupiter protecteur des hôtes, sanctionnent par la récompense ou par le châtiment, le respect ou la violation de la loi.

Il semblerait que le divin Mélésigène voyageant de ville en ville et de bourgade en bourgade, choisît pour charmer les rois dans leurs palais, les événements de la guerre de Troie, et qu'il réservât aux humbles et aux petits, aux pasteurs dans leurs chaumières, les récits moins épiques de l'Odyssée. Plus méfiant à l'égard de ses auditeurs champêtres qu'envers les nobles guerriers, il revient avec insistance dans l'Odyssée sur les privilèges de l'aède. Favori des dieux, celui-ci a droit aux soins et aux libéralités de tous. Quelque chant que lui inspire la Muse, il faut qu'on l'écoute avec respect. Au milieu même d'une scène de carnage, il est neutre, sa vie doit être épargnée. Bref, ce rôle de l'aède, si subordonné dans l'Iliade, prend ici un caractère sacerdotal et sacré, intentionnel, sans aucun doute.

Et ce qui achève de dessiner la morale en action, ce sont les types fortement contrastés que l'auteur de l'Odyssée oppose les uns aux autres. En parallèle avec le pieux et bon serviteur, le serviteur ingrat envers la mémoire de son maître, impie et inhumain envers l'étranger. Auprès des servantes fidèles et sages, les servantes folles, paresseuses et débauchées. De même, la persévérance, la vertu, la force héroïque de Pénélope a pour repoussoir l'image de l'infortunée Clytemnestre entraînée par les douces paroles d'un séducteur, dans la faute, dans le remords et dans le crime. Enfin le conte drolatique du Cyclope, qui semble uniquement destiné à attirer les gros rires d'esprits peu raffinés, cache un sens moral profond : l'infériorité de l'état de nature comparé à la belle civilisation phéacienne. Polyphême, le ridicule anthropophage, géant et fils de dieu est vaincu, moqué et dupé par des hommes, sans que les autres cyclopes accourus à ses cris lui donnent d'autre assistance que l'impuissante fraternité des animaux des bois.

Ainsi donc, trouvant dans Homère, avec une conception idéale, des images dont la réalité n'échappe pas entièrement à notre contrôle, nous possédons tout ce qui est nécessaire à l'appréciation synthétique de la vie féminine de son temps. Par l'heureuse combinaison de la beauté, de l'intérêt dramatique et de la franche moralité qui les pénètre, deux poèmes suffisent, se complétant l'un l'autre, pour nous représenter une époque inconnue. Mais si l'un des deux avait péri, nous ne pourrions comprendre l'âge barbare de la Grèce. Sans l'Odyssée, la vie domestique nous eût échappé, car l'amour d'Hector et d'Andromaque n'est qu'un incident rapide ; et, sans l'Iliade, nous n'aurions pas du caractère du héros une idée favorable. Il faut tout

le prestige d'un péril grandiose pour élever le
guerrier et le soutenir au-dessus de ses mauvaises
passions. La paix très instable des temps barbares
l'expose à des tentations de brigandage et de piraterie auxquelles il succombe sans déshonneur,
encouragé par sa femme et par sa famille que le
butin enrichit; et tel qui, en temps de guerre, compterait parmi les braves et nobles guerriers de
l'Iliade, en temps de paix deviendra semblable à
l'un des grossiers poursuivants de Pénélope.

Si, pour compléter nos renseignements sur la
société héroïque, nous consultons Hésiode, les côtés
sombres du tableau faiblement entrevus déjà dans
l'Odyssée, nous frapperont davantage et prendront
même le dessus à tel point qu'il semblera difficile
de concilier le pessimisme de l'un des poètes avec
l'optimisme de l'autre.

Hésiode dut être placé dans un milieu sensiblement différent de celui d'Homère. Il ne parle pas
comme celui-ci (nous aurons à y revenir) du point
de vue des classes supérieures auxquelles il reproche, au contraire, l'abus de la force. Il appelle
son temps l'âge de fer; il se croit à une époque
de décadence, et il célèbre avec regrets le souvenir
de la vie pacifique et des félicités perdues de l'âge
d'or. A la vue de la décroissance graduelle des
bonnes mœurs, il s'afflige et s'indigne; et ses
plaintes les plus amères portent sur l'iniquité des
rois et des chefs — juges cupides toujours prêts à

sacrifier le bon droit pour un peu d'or — et sur l'influence aussi funeste qu'irrésistible de la femme. Il nous faudrait connaître avec plus de précision la relation chronologique d'Homère à Hésiode pour décider si celui-ci n'aurait pas assisté, en effet, à la décadence des mœurs homériques. Supposé qu'il en soit ainsi, et tenant compte des éléments de vérité d'Hésiode, nous devons bien reconnaître néanmoins que son idéal, le rêve d'Arcadie, était non seulement irréalisable de son temps, mais inférieur à l'idéal d'Homère, à la croyance au progrès, et à la glorification des passions héroïques, puisque la guerre était alors la condition de l'évolution progressive dans l'humanité et le principal stimulant des sentiments généreux et des actes dévoués. En ce qui concerne la condition des femmes, il est certain que la guerre avec ses massacres, ses incendies de villes et ses enlèvements de captives, n'est ni plus perturbatrice et destructive ni surtout plus corruptrice que la paix qui, à vrai dire, ne mérite pas ce nom. Et l'avenir de la Grèce a réalisé, non pas la décadence annoncée par Hésiode, mais le vœu de progrès mis par Homère sur les lèvres d'Hector.

CHAPITRE II

La glorification des héroïnes par la poésie.
Le « Catalogue des femmes illustres » d'Hésiode.
« Les Généalogies. »

La disposition à glorifier les types féminins les plus éminents est un trait des mœurs héroïques que nous devons tenter d'expliquer en quelques mots. La mémoire des femmes de la Grèce barbare ne repose pas tout entière sur les chants d'Homère. Malgré ses tendances si différentes, Hésiode, lui aussi, l'avait consacrée. « Muses olympiennes, filles de Jupiter qui porte l'égide, Muses aux doux accents, vous allez célébrer les femmes.» C'est par ces paroles que l'auteur de la Théogonie, après avoir terminé ses chants sur la naissance des dieux et les amours des déesses avec de simples mortels, annonce le poème ou plutôt la série de poèmes connue dans l'antiquité sous le titre de *Catalogue des femmes illustres*. D'après les allusions des auteurs grecs et d'après quelques fragments de cet ouvrage perdu, on voit qu'il contenait l'histoire des grandes héroïnes de l'amour. Retracer la fatale naissance de Pandore, cause de tous les maux, nommer l'amour « le fléau cher aux mortels », critiquer et juger sévèrement la vertu des femmes, puis glorifier les femmes et l'amour, voilà qui nous semble étrange. Mais la contradiction, si c'en était une, ne se rencontrerait pas chez le seul Hésiode. L'estime et l'appréciation des vertus domestiques se concilièrent dans l'esprit grec (pour ne parler que des Grecs) avec le besoin de rendre hommage à la beauté, aux individualités marquantes et aux grandes destinées. A l'époque héroïque surtout, célébrer la gloire des femmes c'est élaborer cet idéal féminin qui, plus tard, se composera d'un ensemble de vertus modestes, silencieuses et cachées, mais qu'il était nécessaire de faire briller d'abord d'un vif éclat et d'empreindre avec force dans l'âme de peuples rudes et barbares. Les poètes, quelle que fût la divergence de leurs opinions, remplirent admirablement cet office civilisateur.

Peut-être Hésiode n'eut-il qu'à suivre un choix indiqué par la faveur populaire ou à développer un sujet touché déjà par Homère. Il est permis de conjecturer que la donnée première du *Catalogue des femmes illustres* aurait été empruntée au XIe chant de l'*Odyssée* où le roi d'Ithaque, à l'entrée des enfers, voit s'avancer vers lui sa mère parmi les ombres des héroïnes ; et que, dans ce poème, les tendances d'Hésiode ne s'écartaient pas autant des tendances homériques que dans les *Travaux et les Jours*. Quoi qu'il en soit, nous devions mentionner le Catalogue et parce qu'il fut consulté par les poètes lyriques et les tragiques qui en ont recueilli les principaux épisodes et y ont pris les premiers traits de leurs caractères féminins, et parce qu'il nous donne l'occasion d'indiquer ce que fut l'amour de la gloire dans la plus haute antiquité grecque et comment, dans cette civilisation essentiellement militaire, la gloire put devenir l'apanage de quelques femmes.

L'idée de gloire dut s'attacher d'abord aux exploits et au courage guerriers ; dès l'âge héroïque cependant, la Grèce a étendu la notion de gloire à plusieurs sortes d'œuvres utiles, et un judicieux instinct la pousse à admirer de préférence chez les individus supérieurs les mérites qui s'appliquent le mieux à l'avantage de tous. Les héros (on en pourrait dire autant des héroïnes) agissent, en général, avec peu de scrupules sur le choix des moyens, mais ils ont sincèrement pour but l'intérêt commun. La gloire, qui n'est pas donnée en récompense à la sainteté, est toujours incompatible avec l'égoïsme. On le sait d'ailleurs, le Grec ne pousse aucune passion jusqu'au fanatisme et c'est dans cette mesure tempérée que la femme homérique est sensible à la renommée. Cette disposition

fut évidemment encouragée de mainte manière, et
notamment par les hommages solennels rendus
aux individualités célèbres. Le culte mythologique
qui était loin de comporter toujours la notion de
perfection morale, se mêla à une idéalisation plus
purement humaine. Homère parle des colonnes fu-
nèbres élevées à la mémoire des femmes illustres,
et des honneurs dont ces tombeaux étaient l'objet.
Avec les siècles, ces monuments et ces cérémonies
commémoratives prirent de plus en plus le caractère d'un culte religieux (1).

La poésie fonda la renommée des héroïnes sur
des bases plus solides que la pierre et le marbre.
Les chants primitifs de la Grèce ont transmis jusqu'à nos jours une longue série de noms de femmes à l'existence desquelles les contemporains
d'Homère et d'Hésiode croyaient certainement :
Alceste, Médée, Jocaste, Phèdre, Europe, Io, An-
dromède, Ariane, Omphale, Niobé, Clytemnestre,
Iphigénie, Electre, Antigone, Déjanire nous sont
connues ; mais combien d'autres ont été effacées
du souvenir avec les âges ! Peu importe que ces
figures soient les symboles et la vague personnification de phénomènes naturels; l'imagination des
peuples de la Grèce était visitée, occupée, charmée
par des légions de femmes, déesses ou mortelles,
protectrices bienfaisantes, aimables et séduisants
modèles ou puissances redoutables.

(1) Voir Pausanias, passim.

Mais l'amour de la gloire d'une part, et de l'autre le caractère de plus en plus anthropomorphique de la religion ne suffisent pas à expliquer l'importance nationale des types féminins créés ou idéalisés en Grèce par l'imagination populaire et par le génie des poètes. Un trait propre à la société homérique a fortement contribué à ce résultat. Si les actions et les parentés fabuleuses des héros nous sont mieux connues que la famille et la biographie d'hommes célèbres de notre pays à cent ans de distance, cela tient à l'intérêt capital, exceptionnel, des traditions de famille et des généalogies dans un milieu aristocratique et militaire, de mœurs primitives, qui aspirait à une plus haute civilisation et, ne possédant encore que des institutions domestiques, manquait, entre autres, de tout moyen de culture intellectuelle (1). La continuité humaine, le lien des générations successives et, s'il est permis d'employer cette expression, le sentiment historique rudimentaire, n'existaient et ne se manifestaient que par la conservation des généalogies. Qu'on se représente cette société à peine sortie de l'enfance, ces pays où les communications étaient si rares et si difficiles. Peu de routes, encore moins de livres puisque l'écriture

(1) Pausanias (Attique) reproche aux habitants d'Éleusis de n'avoir pas tenu de généalogies héroïques, négligence qui a eu le résultat fâcheux, selon lui, d'amener des divergences irrémédiables dans les traditions locales.

même n'est pas encore en usage. Tout s'apprenait par la parole, par l'intermédiaire du voyageur qui racontait à ses hôtes ce qu'il avait vu et entendu, ou par les récits de l'aïeul qui instruisait ses petits-enfants des événements de sa jeunesse. Les liens de l'hospitalité reçue imposaient une réciprocité de bons offices qui durait plusieurs générations et obligeait aussi à savoir les généalogies (1). Elles intéressaient d'autant plus vivement que l'on croyait dès lors à la transmission héréditaire des qualités. La prudence et la force d'Ulysse faisaient préjuger favorablement de son fils. On avait confiance en un individu d'après sa naissance et sa bonne réputation. Et en effet, si l'on avait attendu les relations et l'expérience personnelles pour juger un homme, toute transaction, toute activité collective eût été impossible. Aussi arrivait-il aux hommes d'Homère comme aux héros des *Nibelungen* de s'éprendre d'une jeune fille sans l'avoir jamais entrevue et sur le seul renom de ses mérites et de sa beauté. Les amours fécondes des Olympiens et des mortelles, la prétendue infusion d'un sang divin dans un grand nombre de familles hellènes donnait aux généalogies un caractère

(1) Voir dans l'*Iliade* l'épisode de Diomède et du jeune Troyen qui, au moment de se battre l'un contre l'autre, se racontent les liens d'hospitalité qui unissent leurs deux familles et font un échange d'armures afin de se reconnaître et d'éviter une rencontre hostile.

aristocratique et religieux à la fois (1). On tenait donc avec soin les généalogies que la mémoire n'eût pas gardées si des récits intéressants et des actes notables n'eussent accompagné les noms propres.

Nous ne croyons pas abaisser les héros en comparant leurs généalogies, conservées oralement, à ces généalogies de chevaux que les Arabes et, à leur imitation, les Anglais, dressent par écrit afin de maintenir par l'observation et la surveillance prolongées, l'authenticité, la pureté et la supériorité de la race. Les actions d'éclat ou, comme on dit, les *performances* des mères y sont consignées de même que celles des pères; aussi de telles généalogies ne sont-elles pas, comme le nom paternel héréditaire, un préjugé nobiliaire peu fondé; elles sont un moyen de constituer une aristocratie naturelle. Et de même que la vieille race incomparable des nobles coursiers d'Egypte et d'Arabie l'emporte sur le reste de l'espèce, de même les héros de la Grèce homérique formèrent une élite, une

(1) Comme exemple du caractère divin de l'aristocratie héroïque, citons les rois Héraclides de Sparte qui sont, en quelque sorte, les médiateurs théocratiques entre Jupiter et les Doriens spartiates. Renverser ces rois serait dans l'opinion lacédémonienne un sacrilège impie. Si Jupiter fait prospérer les Doriens, c'est parce que ceux-ci ont ramené sur leur trône les rois Achéens ses propres descendants.

aristocratie de beauté physique et morale qui
entretenait, à l'égard de la race humaine, des préoccupations analogues à celles que nous voyons aux
Anglais et aux Arabes à l'égard de la race cheva-
line (1).

Même à une époque de civilisation où ces préoccupations avaient disparu, à Athènes, sous
Périclès, l'intérêt porté aux doubles généalogies
persiste. La descendance maternelle de Périclès était
aussi connue du peuple que la descendance paternelle du grand homme. Agariste, mère de Périclès,
appartenait, il est vrai, à l'illustre maison des
Alcméonides; mais Socrate, qui ne se piquait point
de noblesse, nous est connu aussi bien comme le
fils de Phénarète que comme le fils du sculpteur
Sophronisque. La connaissance de la double lignée
était d'ailleurs facilitée par la coutume qui laissait
aux femmes leur nom propre auquel on ajoutait,
selon l'âge, la désignation de fille, femme ou mère
d'un tel. Les généalogies ont été en Grèce le com-

(1) L'admiration pour la beauté physique, pour la vigueur et
l'adresse aux exercices du corps éclatent à chaque page dans
Homère. C'est lorsque Ulysse, au moment de lutter contre le
mendiant Irus, découvre ses larges épaules, que les prétendants soupçonnent en lui un homme de naissance illustre.
Dans l'île de Schérie, un jeune seigneur phéacien traite
Ulysse de marchand. Le héros indigné prouve sa noblesse
en lançant un disque plus loin qu'aucun des joueurs n'avait
pu faire ; et cette preuve de noblesse est jugée évidente.

mencement de l'histoire après avoir été le cadre
de la légende. Suivant l'exemple des poètes qui
chantaient les femmes et les familles des héros,
Hécatée de Milet, le plus ancien chroniqueur ou
historien en prose, avait composé un ouvrage intitulé les *Généalogies*. Le prestige et l'importance
sociale des personnalités féminines en ces temps
barbares, où l'on serait tenté de croire le droit du
plus fort seul en vigueur, est donc bien un fait général. Sans nier que le faible ait été opprimé et
écrasé, là comme ailleurs, et que ce fût, notamment, une réalité cruelle que la destinée des captives de guerre, nous devons reconnaître qu'une
part égale — non identique comme le comporte la
différence des vocations — est faite à la femme et
à l'homme ; et qu'on chercherait vainement dans
les deux épopées nationales de la Grèce des exemples du despotisme du père ou du mari fondés sur
l'idée de la supériorité de son sexe.

Ainsi un concours rare de circonstances telles que
la religion, le caractère militaire de la société et le
degré de la civilisation, a été un moment, en Grèce,
singulièrement propice à l'essor et à la glorification
du génie féminin. Homère, en donnant une forme
impérissable à cette glorification, a éclairé, pour
nous, une phase de l'histoire morale partout ailleurs obscure ou inconnue.

CHAPITRE III

Situations exceptionnelles ou accidentelles.
L'Amazone, la Bacchante, la Prêtresse, la Captive.

Avant de pénétrer dans l'intérieur du foyer, éliminons d'un rapide coup d'œil ce qui représente sous l'aspect féminin, l'anomalie et la perturbation, les situations exceptionnelles ou simplement accidentelles. Le mariage est la condition universelle des hommes et des dieux de l'Olympe; la déesse des amours est elle-même mariée, et à l'exception des trois vierges Minerve, Diane et Hestia qui se sont soustraites à la domination de Vénus (1), tous les grands dieux vivent en famille. Des divinités inférieures, des Naïades, les Circé et les Calypso sont les seuls représentants homériques de l'amour libre et du célibat. Encore ces deux nymphes désirent-elles s'attacher Ulysse par les nœuds de l'hyménée. En opposition avec cette existence fémi-

(1) Hymne à Vénus.

nine normale se dessinent les types célèbres des Amazones et des Bacchantes, figures de caractère complexe et un peu confus, mais dont le nom garde une signification encore vivante. En groupant les quelques renseignements très incomplets que l'on possède sur les influences étrangères à l'esprit hellène, et sur les éléments de décadence de la société homérique quant à la condition des femmes, on verrait que les personnifications féminines excentriques, si l'on peut ainsi dire, n'ont jamais altéré les mœurs générales.

Homère parle incidemment à plusieurs reprises des Amazones que Priam avait combattues, et qui vinrent néanmoins par la suite le secourir à Troie où Achille blessa à mort leur reine Penthésilée. Dans la plaine troyenne s'élevait le tombeau d'une autre de leurs reines, Myrrhine; et la Grèce d'Europe gardait le souvenir d'une troisième, Hippolyte, qui envahit le Péloponèse et mourut de douleur de la défaite de son armée. La tradition attribuait à ces femmes un courage persévérant que nul revers ne pouvait abattre. Les poètes et les artistes d'Athènes eurent toujours une prédilection marquée pour les légendes d'amazones. Les statuaires surtout s'emparèrent d'une conception si bien appropriée à leur art. Le génie plastique développa, modifia et mit librement en évidence les beautés les plus originales et les plus piquantes recélées dans le mythe primitif. Le cheval conquis et dompté par la femme (1), et la guerre de Thésée contre les Amazones où figurent les seuls êtres qui manifestent par des mouvements rythmiques des formes noblement proportionnées, c'est-à-dire l'homme, la femme, le cheval, quelle source féconde en chefs-d'œuvre! Et comment ne pas rappeler ici ce groupe délicieux, d'inspiration purement homérique, si souvent reproduit en bas-relief, Achille penché sur Penthésilée mourante. Quelques lignes y suffisent, par leur grâce suprême, à exprimer le mélange des sentiments les plus tendres et les plus douloureux, l'amour et la mort.

La consécration de l'art athénien entretint la popularité du type de l'Amazone ; mais cela ne prouve pas, tant s'en faut, que la femme guerrière soit une notion conforme à l'esprit grec. Il semble plutôt que cette image si fortement empreinte dans les imaginations antiques remonte aux gynécocraties des races chamitiques dont une branche, celle des Cares ou Cariens, avait occupé l'Asie Mineure (2).

(1) Les Athéniens croyaient que les Amazones, les premières de la race humaine, avaient osé monter et dompter le cheval. (Lysias, Oraison funèbre des Corinthiens).

(2) Baron d'Eckstein, les *Cares ou Cariens de l'antiquité*. L'Asie ainsi que l'Afrique offrent des traces encore subsistantes d'Amazones ou de femmes guerrières. Dans le drame hindou intitulé : la *Reconnaissance de Sacountala*, figure une femme, officier de la maison du roi, chef des *huissières* du palais. Ces femmes, au dire de M. Chézy, traducteur et commentateur du drame, accompagnaient les rois de l'Inde à

Pour intéressantes que dussent être des recherches sur cet obscur sujet, elles restent en dehors de notre cadre.

La fondation d'Ephèse et de son temple d'Artémis par les Amazones, ainsi que la prétendue république de femmes instituée sur les rives du Thermodon, n'est qu'une des nombreuses formes, la plus précise il est vrai, de la légende. De tous côtés en Orient, l'idée de l'Amazone a laissé une trace

la chasse et dans leurs expéditions militaires. La cour du Nizam, Ali-Khan, présente aussi quelque chose de semblable. Des femmes font le service intérieur d'officiers du palais et accompagnent le roi à la guerre « où véritables amazones, on les a vues déployer le plus mâle courage. » — (Voir *Hamilton, East-India Gazetteer I 777, 2ᵉ édit; et Moor Indu Panthéon 374*) — Hippocrate attribue aux femmes scythes une coutume ordinairement attribuée aux Amazones. En résumé, dans l'idée grecque, l'Amazone est tantôt la femme qui a dompté le cheval, la guerrière, la citoyenne d'une république sans hommes, tantôt la fondatrice d'Ephèse, la servante prêtresse d'Artémis. Cette idée remonte sans doute à deux sources très divergentes.

Dans un récent travail sur la ville de Smyrne, qui fait partie des mémoires de l'institut génevois, M. le professeur André Cherbuliez a traité fort judicieusement la question des Amazones. Sans combattre d'une manière absolue l'idée du baron d'Eckstein, que les Cares de l'Asie-Mineure fussent une race de couleur brune, il l'atténue en disant que les Cares d'Ephèse et de Smyrne étaient fortement mélangés de sang hellène. En tout cas, ce seraient des Cares que viendraient le culte, le temple et les prêtresses d'Artémis, c'est-à-dire les Amazones.

dans quelque coutume persistante; mais un centre géographique, un établissement politique des amazones n'a pu être historiquement localisé nulle part. Le royaume composé d'Halicarnasse et des petites îles de Cos, Nisyre et Calymna que gouverna la célèbre Artémise, sous la suzaireneté du grand roi de Perse (1) se relie, tant par sa situation que par le nom de la belliqueuse reine qui combattit si brillamment à Salamine, aux traditions de femmes guerrières et de gynécocraties. Le fait n'a aucun autre analogue en Grèce. Les cités grecques d'Asie-Mineure qui avaient accepté l'autorité souveraine, politique et militaire d'Artémise, subissaient le joug de la Perse, malgré elles. Dans la servitude, elles pouvaient préférer la main légère d'une femme au pesant despotisme d'un satrape; libres, elles n'eussent point agi de même. Jamais les Hellènes n'ont transformé les femmes en chefs politiques ou en soldats. Aux époques reculées, elles durent inévitablement prendre parfois une part active à la guerre, mais en restant femmes. Homère les représente combattant avec les enfants et les vieillards derrière les remparts d'une ville assiégée, afin de la préserver d'une surprise et d'assurer la retraite des hommes sortis pour livrer bataille dans la plaine (2).

Cette coutume est si générale que nous la trou-

(1) Hérodote, VII, 99.
(2) Description du bouclier d'Achille. *Iliade.*

vons encore en vigueur dans les premiers temps de la Grèce historique. Pendant la deuxième guerre de Messénie, Aristomène et son armée étant assiégés dans la forteresse d'Ira, les Messéniennes voulurent se rendre à leur poste habituel de combat sur les terrasses des maisons pendant que les hommes formaient leurs rangs; mais un ouragan ayant rendu impossible la tentative des femmes, elles prirent le parti de se battre en ligne auprès de leurs maris. Un fait analogue rapporté à la gloire de la célèbre poétesse d'Argos, Télésille, montre le sentiment spartiate de l'honneur militaire incompatible avec l'idée de la femme guerrière. Dans une lutte contre Sparte où les Argiens avaient tous péri, enfermés par l'ennemi dans le bois Argos, Télésille voulut sauver sa ville. Elle prit donc le commandement, préposa les vieillards, les enfants et tous les faibles à la garde des murailles et des portes; puis elle recueillit ce qui restait d'armes et, formant une troupe d'élite des femmes dans la force de l'âge, elle les mit en ligne. Elles soutinrent sans peur le terrible cri de guerre et le premier choc des Lacédémoniens; et ceux-ci, jugeant que la victoire sur des femmes ne leur donnerait pas une gloire proportionnée à la honte d'une défaite, se retirèrent du pays (1). Les Spartiates toujours mus par ce même sentiment, évitaient d'as-

(1) Pausanias. — Voir tome I. Corinth. Ch. XX p. 464 à 467.

siéger les villes, précisément parce qu'un guerrier
était exposé à périr de la main d'un enfant ou d'une
femme. Tel fut le sort du roi Pyrrhus à qui une
Argienne brisa le crâne. Les conditions de la guerre
antique gardent donc ce trait des temps barbares, la
femme associée à l'activité destructive de l'homme ;
mais elle concourt alors au salut commun sans quitter
sa maison, et ce mode d'action est compatible avec
la nature féminine où la timidité et l'horreur à la
vue des blessures hideuses n'exclut ni la bravoure
ni la férocité. Le type de l'Amazone, au contraire,
est la négation de l'idée de sexe et de famille ; il ne
saurait être considéré comme une exagération du
type féminin tel que put l'enfanter une société
militaire barbare. Il y a là un phénomène à part ;
des mythes d'une origine inconnue mais sûrement
étrangers à la réalité comme à l'idéal grec.

Une autre apparition féminine d'un caractère
étrange, à demi sacerdotal, à demi guerrier, parti-
cipant de l'orientale Amazone et de la pythonisse
et dégénérant en énergumène ou possédée, se
montre à l'aurore de l'histoire hellène, c'est la Bacchante. Elle n'existe pas encore dans Homère mais
bientôt après lui, si ce n'est de son temps. Bacchus
est censé avoir envahi la Grèce avec une armée de
femmes qui, au dire de Pausanias, venaient des
îles de la mer Egée et qui, à cause de cela, étaient
nommées *Halia* (femmes marines) (1). On mon-

(1) Pausanias — Corinthie, ch. XXII.

trait auprès d'Argos le tombeau de celles d'entre elles qui avaient péri dans le combat contre Persée et les Argiens. Pausanias dit ailleurs : « Les bacchantes sont des femmes consacrées à Bacchus qui les rend furieuses » (1), définition qui s'applique à une tout autre catégorie de femmes que les belliqueuses compagnes de Bacchus. De plus, le titre de Bacchante signifie, dans beaucoup de cas, purement et simplement une prêtresse de Bacchus telle qu'Antigone, et cette acception n'implique en rien la fureur bachique.

L'Amazone est demeurée étrangère à la Grèce. La bacchante, en pénétrant dans la sphère grecque, perd son aspect guerrier, absorbé par le caractère religieux. Il y a lutte entre l'esprit de sagesse pratique qui veut la femme au foyer, et l'esprit théologique superstitieux, qui craindrait d'irriter une divinité en bannissant son culte et qui voit dans l'hallucination et la folie la marque de la présence, de l'inspiration, de la faveur d'un dieu. La mort d'Orphée qui a repoussé les mystères de Bacchus, et la légende de Penthée, roi de Thèbes, déchiré par sa mère, sa femme et les autres Thébaines qu'il a entrepris de ramener à la raison, projettent une faible lueur sur ces conflits entre l'orient mystique et le génie hellène dont Homère est la plus haute et la plus pure expression.

(1) Pausanias — Corinthie, ch. VII.

Il est remarquable qu'il ne peint jamais les côtés inhumains, maladifs et extravagants de la religion. S'il ne mentionne pas les bacchantes, cela peut être parce que Bacchus n'avait pas été encore reconnu dieu. Mais Homère ne mentionne pas davantage le sacrifice d'Iphigénie. L'*Iliade* nous montre la jeune princesse auprès de sa mère à Argos. L'on doit considérer comme contraire aux conceptions du grand poète la vierge enlevée par une déesse avide de sang humain et constituée prêtresse de son culte farouche. Et pourtant, Iphigénie en Tauride, cette légendaire vierge bourreau, a laissé un souvenir historique parmi les Doriens de Sparte. Là, pour teindre d'un noble sang l'autel de Diane Orthie, on flagellait cruellement les enfants Lacédémoniens en présence de la prêtresse qui portait sur ses bras la statue en bois de la déesse. Ménageait-on les coups, la statue tout à l'heure légère devenait si pesante que la prêtresse ordonnait de frapper plus fort. Cette forme sauvage du culte de Diane (1), évidemment d'origine asiatique comme les mythes relatifs aux Bacchantes et aux Amazones, est une exception en désaccord avec l'ensemble du culte en Grèce, où l'introduction de rites orientaux n'empêche point la tradition homérique de rester dominante. Les troubles con-

(1) Sur les origines probables du culte de Diane, voir Ott. Müller, Doriens, V, 1.

tinus de la Grèce aux premiers temps de l'histoire, pendant les tyrannies qui précèdent et accompagnent la fondation des républiques, semblent bien avoir réagi sur les organisations comme sur les situations féminines. La folie religieuse trouva peut-être alors un milieu favorable à son développement, et l'on ne serait pas étonné que l'histoire de la mère de Penthée eût un fondement réel dans l'observation des faits.

La fonction sacerdotale, sous un régime militaire polythéiste affranchi de la théocratie, n'est ni le gouvernement ni un enseignement ; elle se réduit à la direction du culte et convient ainsi très bien aux femmes. Homère nous montre la belle Théano, épouse d'Anténor, que les Troyens avaient élue prêtresse de Minerve, se dirigeant vers le temple où elle va présider une cérémonie en l'honneur de la déesse. L'élection appliquée au sacerdoce, le prêtre maintenu dans la situation ordinaire de la vie de famille, la femme, soit matrone, soit jeune fille, admise à la prêtrise, toutes ces conditions empêchèrent en Grèce la formation d'un clergé homogène imbu de l'esprit de corps qui, seul, lui donne la puissance politique. Si ce fut un bien quant à la destinée sociale sinon morale des femmes, nous n'avons pas besoin de le dire. Un fait bien connu du fanatisme officiel aux Indes est là pour nous éclairer. Les épopées indiennes renferment assurément d'admirables pages sur les femmes et de touchants épisodes d'amour. Et pourtant, dans ce même pays où la poésie exaltait la femme, le clergé brahmanique s'empara peu à peu d'un tel ascendant qu'à une époque relativement récente, il réussit à imposer la monstrueuse coutume de brûler les veuves (1).

Bien que le culte soit le seul aspect de la religion qui prenne de grands développements dans le polythéisme, la direction des solennités et des prières collectives, le service et l'entretien des temples, la divination et la prophétie, la guérison des

(1) Max Müller (*Mythologie comparée*, p. 27 de la traduction française) établit le fait sur des preuves irrécusables, entre autres sur l'existence et la signification en sanscrit du mot veuve : *femme sans mari*. « Si la coutume avait existé à cette époque reculée, il n'y aurait pas eu de *vidhavás*, de femmes sans époux, puisque toutes auraient suivi leur mari dans la tombe. Le nom même indique donc ce que nous pouvons d'ailleurs prouver jusqu'à l'évidence, l'origine récente de l'usage de brûler les veuves dans l'Inde... »

« Il est vrai que lorsque le gouvernement anglais défendit cette triste coutume, les brahmanes en appelèrent aux Védas comme établissant ce rite sacré. Ils citèrent un des vers du *Rigvéda*... Le *Rigvéda*, qu'à peine un brahmane sur cent peut lire à présent, loin d'établir comme obligatoire le sacrifice des veuves, montre clairement que cette coutume n'était pas établie dans la période primitive de l'histoire de l'Inde. Un léger changement que les brahmanes ont fait au texte sacré a suffi pour livrer bien des vies au bûcher. »

malades, la purification des souillures et l'exégèse
des mythes et des oracles, ces œuvres si diverses
tendent à la longue à se répartir d'une manière
fixe entre plusieurs classes d'individus. Mais cette
tendance qui ne s'est jamais complètement réalisée
en Grèce ne se manifeste point nettement encore
dans Homère. Les prêtres Calchas et Chrysès sont
les représentants probables de quelque caste sacerdotale subordonnée ou effacée par la caste dés
guerriers, et les Agamemnon et les Priam sans
avoir recours aux premiers, exercent, à l'occasion, un sacerdoce temporaire et si l'on peut dire,
laïque.

Le poète est malheureusement très sobre de
renseignements sur l'établissement du culte en
Grèce ; et l'absence de prêtres dans l'Odyssée, soit
en Ithaque, soit à Pylos, à Sparte ou à l'île de
Schérie, frappe d'autant plus que les préoccupations
religieuses de la plupart des personnages sont
constantes. Les devins et les augures dont il est
question jouent un rôle infime et n'ont de crédit
qu'auprès des malheureux avides de consolations
illusoires. Dans les grandes occasions, telles que
le double mariage des enfants de Ménélas ou que les
funérailles des héros, le besoin d'une classe d'hommes chargés de transmettre les bénédictions d'en
haut ne paraît nullement senti. Les actes religieux
des chefs de la Grèce ont ordinairement le caractère du sacrifice sanglant, soit pour l'expiation,

soit pour la demande de quelque grâce spéciale, telle que des vents propices, la victoire ou la cessation d'un fléau. Les fêtes célébrées et pour la plupart instituées par les femmes ont le caractère plus désintéressé de la commémoration périodique. Elles sont l'hommage et l'adoration dus aux divinités, sans retour trop direct sur soi-même. Au lieu des victimes douées de vie, les femmes présentent des gâteaux, des guirlandes, des produits de leur travail, parmi les danses, les chants sacrés et les marches processionnelles joyeuses ou lugubres, suivant la signification de la fête.

Le sentiment religieux était aux yeux des Grecs, essentiellement féminin. Auprès de Théano la prêtresse, Homère n'a point omis Cassandre la prophétesse qui voit les événements futurs cachés dans le sein des dieux: (Ces deux Troyennes doivent être assimilées à des grecques). De même que les Germains de Tacite, les Grecs attribuaient à la femme quelque chose de divin et de sacré. Le conseil d'une femme qui rappelait l'homme à la prière ou à tout autre devoir de piété obligeait à la soumission. La malédiction d'une mère était sanctionnée par les dieux infernaux et même certains désordres cérébraux et nerveux plus spécialement féminins étaient l'objet d'une crainte religieuse. Dans les choses divines, l'initiative des femmes était considérable. Aussi les laissait-on sortir de la ville pour aller ensemble dans la campagne accomplir les rites sacrés, loin de la protection de leurs pères et de leurs époux. Le respect de la femme en prière était leur seule sauvegarde. Il arriva, on le sait, que des profanes interrompirent les saints mystères, et enlevèrent celles qui y prenaient part. Ce sacrilège abhorré attirait infailliblement la vengeance céleste sur le criminel et sur sa patrie, et de plus la guerre de la part de la cité offensée dans la personne de ses femmes. De telles infractions aux lois divines et humaines sont le grief le plus fréquemment invoqué et toujours avec le plus de succès par les petites cités hellènes que l'on entrevoit au début de l'histoire, cherchant à dominer et absorber leurs voisines.

L'institution du culte des différents dieux est rapportée par la plupart des traditions locales à une inspiration féminine. Il en est ainsi des mystères de Cérès et de Proserpine, du culte d'Athênè, de celui de Bacchus et de celui de Junon Argienne. « Les Eleusiniens, dit Pausanias, vous montrent le puits Callichoros autour duquel les femmes d'Eleusis formèrent le premier chœur de danse et de chant (1). » Quant à l'introduction du culte d'Esculape à Sicyone, « les Sicyoniens disent que ce dieu leur fut apporté d'Epidaure sous la forme d'un serpent et sur un char traîné par des mules;

______

(1) Pausanias, Attique ch. XXXVIII.

il était conduit par Nicagora de Sicyone, femme d'Echetimus et mère d'Agasiclès (1). »

Il serait aisé de multiplier des citations et des exemples prouvant que primitivement toutes les citoyennes pouvaient recevoir ou prendre les fonctions de prêtresse. Le mot est suffisamment expliqué. Cette prêtrise des femmes n'est pas vraiment une fonction publique permanente. et par conséquent une situation exceptionnelle; ce n'est qu'une extension importante de la vie domestique, qui la lie étroitement à la patrie, conformément aux mœurs antiques et à une religion exclusivement nationale. Encore ici la filiation homérique se reconnaît dans le temps des républiques. A Athènes, la femme de l'Archonte-Roi est présidente de droit de la procession des Panathénées; les vierges canéphores sont choisies parmi les citoyennes, ainsi que de toutes jeunes filles nommées *ourses* aux Brauronies ou fêtes de Diane. De même, les prêtresses du plus ancien centre religieux de la Grèce, Dodone, qui gardaient les traditions théologiques de ce lieu sacré et qui informèrent Hérodote de l'origine égyptienne et pélasgique des dieux Hellènes, étaient les plus nobles dames du

(1) Pausanias, Corinthie ch. X. Le caractère fétichique est, dans ce cas, évident. Il serait intéressant de rechercher, dans les commencements du polythéisme, les exemples de la fidélité des femmes aux formes de la religion primitive universelle.

pays (1). Aristophane qui a si vivement raillé
l'émancipation des femmes, reste donc sans incon-
séquence dans son rôle de conservateur, lorsqu'il
met dans la bouche d'un chœur d'Athéniennes
l'expression d'un sentiment civique de reconnaissance pour la part officielle qui leur est attribuée
dans les fêtes religieuses. « O citoyens, je vais
donner d'utiles conseils à la patrie qui le mérite
pour m'avoir élevée au milieu des honneurs. A
l'âge de sept ans, je portais les vases sacrés; à
dix, j'étais chargée de broyer et de pétrir les gâteaux consacrés; puis vêtue d'une robe safran, je
fus *ourse* aux Brauronies ; devenue grande et belle
fille, je fus canéphore, puis je portai le collier de
figues sèches, etc (2). » Abstraction faite du développement politique et de la constitution stable des
rites, il reste en ce passage du grand comique,
un commentaire inconscient du sacerdoce féminin
d'Homère.

Du point de vue économique et moral, mention
doit être faite de la femme homérique dans sa
situation spéciale de travailleuse industrielle, volontaire ou involontaire : la femme pauvre, la captive.
D'après une comparaison de l'*Iliade*, on serait

(1) Hérodote.
(2) Le collier des mariées (Aristophane, Lysistrata, Chœur
des citoyennes âgées v. 640-647). Le collier de figues sèches
est encore de nos jours la parure consacrée de la mariée
pendant la bénédiction nuptiale à l'église grecque.

tenté de conclure qu'il pouvait exister alors des femmes sans famille qui les protégeât. Il s'agit d'une veuve filant la laine, et par la vente des produits de son travail, gagnant avec peine une existence précaire, pour elle-même et pour ses enfants. C'est là du prolétariat libre, un état de dénuement rare et temporaire ; il suppose une veuve qui n'est plus en âge de se remarier et qui n'a ni un fils parvenu à l'âge viril, ni une fille mariée qui assure à sa mère une vieillesse tranquille à son propre foyer. La mère de famille seule et un peu âgée est vraiment en effet le type de la pauvreté à l'époque d'Homère ; pauvreté dont la morale du temps arrêtait l'extension et qui ne se peut comparer au mal social du paupérisme féminin tel qu'il s'est développé transitoirement dans notre milieu moderne individualiste et industrialiste. L'antagonisme des intérêts personnels des membres d'une même famille ne peut guère se produire ; de plus, les devoirs envers les parents âgés sont l'obligation la plus stricte, la plus absolue de la morale homérique. Il n'y a peut-être pas, dit Gillies, d'autre langue qui puisse exprimer sans circonlocution ce que les Grecs entendent par θρέπτρα, cette dette que l'enfant contracte envers ses parents dès sa naissance et qu'il doit leur payer plus tard en les nourrissant et les soignant à leur tour. C'est l'expression qu'Homère emploie lorsqu'il parle d'un héros tué à la fleur de l'âge : « *Il ne put payer sa dette à ses parents.* » Les héros, Achille, Antiloque, Hector, Ulysse, sont des modèles de piété filiale (1). Pénélope, en l'absence d'Ulysse, se reconnaît obligée au devoir filial envers le père de celui-ci aussi bien qu'envers son propre père, et Télémaque déclare qu'il serait l'objet du mépris de tous s'il renvoyait sa mère chez son aïeul Icare, sans qu'elle en eût exprimé formellement la volonté. Aussi longtemps que ces principes sanctionnés par la religion et l'opinion publique s'imposèrent aux consciences, la femme pauvre et délaissée fut un mal à peu près inconnu. La véritable plaie sociale de la Grèce homérique, celle par laquelle se manifestent les lacunes et l'insuffisance de sa moralité, c'est la captive de guerre.

L'esclavage n'est point encore constitué à l'époque que nous observons ; il n'est pas héréditaire ; les fils nés des chefs et des captives sont élevés à l'état libre par leurs pères ; l'on ne voit nulle part de familles d'esclaves. la servitude est toujours un résultat de la guerre ou de la piraterie. Or les pirates n'enlèvent point les hommes faits, et comme à la guerre les vaincus succombent les armes à la main ou, dans la plupart des cas, sont exterminés, les captifs sont principalement des enfants et des femmes. Mais si douloureux et si cruel que nous paraisse avec raison le sort des captives, n'oublions

(1) L. Ménard, *De la morale avant les philosophes.*

pas que la vie sauve est un progrès. Homère ne raconte nulle part un massacre de femmes, et la comparaison des Juifs qui, par ordre de Moïse inspiré de Dieu, immolaient les femmes et les enfants de l'ennemi, tourne assurément à l'honneur des Grecs. Ils surent utiliser industriellement le travail de ces captives épargnées. Leurs talents furent pour la matrone qui devenait leur chef d'atelier, une source de richesses et pour elles-mêmes une garantie d'égards, de ménagements et de liberté relative. Il ne faudrait pas exagérer le rôle que les passions jouaient dans les enlèvements de captives. L'extrême importance des habiles ouvrières suffisait à faire d'elles un objet de convoitise. Pâris ramène à sa mère Hécube des Sidoniennes expertes dans l'art des tissus, qu'il a traîtreusement arrachées à leur pays. Ces esclaves n'étaient point maltraitées ou surchargées de travaux comme sont les esclaves industriels modernes. Leur détresse, encore une fois, était d'ordre moral. Au souvenir de la famille immolée et de la prospérité à jamais évanouie, se joint la soumission aveugle aux caprices du vainqueur. Le serment que fait Agamemnon d'avoir respecté Briséis montre combien une telle conduite est exceptionnelle. Notre sentiment moderne, heureusement plus délicat, se soulève contre une telle coutume, mais nous devons dire, à la décharge des hommes d'Homère, que l'idée d'amour emportait dans leur esprit l'idée du consentement libre de la femme et que, en principe tout au moins, la violence morale était déshonorante. Achille, après avoir accablé Agamemnon de mortelles injures, lui jette à la face, comme un dernier outrage destiné à le perdre dans l'opinion des chefs, le conseil ironique d'user de contrainte envers Briséis (1).

Le véritable danger social que représentent les belles et nobles captives de guerre, est moins leur asservissement que leur situation presque égale à celle de leur maîtresse, et l'influence qu'elles peuvent prendre sur le cœur du maître. Nous verrons la matrone grecque conjurer par sa conduite, cette grave menace contre la monogamie ; sauf ce danger, les captives étaient moralement pour la matrone une compagnie honorable et non pas une fréquentation inférieure et dégradante comme celle des esclaves achetées plus tard en Thrace et en Carie. Le servage des captives ne ressemble pas non plus aux offices vulgaires de notre domesticité ; les femmes et les déesses s'aident elles-mêmes et servent les autres. Junon se coiffe, se baigne et se parfume seule. Nausicaa blanchit le linge de la famille ; et le devoir d'hospitalité relève la dignité des occupations les plus humbles. Ce sont les maîtresses de maison en personne ou leurs filles qui conduisent les hôtes au bain ; soins

(1) *Iliade.*

qu'elles n'eussent point voulu abandonner aux
seules servantes, comme on l'apprend du récit
qu'Hélène fait au festin dans l'*Odyssée*. Ainsi le
travail des captives n'est pour celles-ci ni une
honte, puisque leurs maîtresses travaillent avec
elles, ni une tâche pénible et forcée.

Il n'est pas moins digne de remarque que déjà
dans une société militaire barbare, le travail industriel laisse apercevoir son influence, si souvent
funeste, sur les destinées féminines ; et qu'un
lointain pressentiment du paupérisme moderne
sous son double aspect de misère matérielle in-
vincible ou d'avilissement moral, se trouve dans
l'esquisse homérique de la veuve délaissée et de
la captive de guerre.

Sauf les singularités et les accidents que nous
venons d'indiquer, la femme des temps héroïques
suit le sort de la catégorie sociale à laquelle sa
famille appartient et veut être étudiée comme mem-
bre actif de la hiérarchie domestique et sociale.

CHAPITRE IV

La part régulière des femmes à l'activité sociale.

Nous devons nous demander maintenant si la famille présente les mêmes coutumes et les mêmes mœurs dans toutes les classes de la société homérique, et dans quelle mesure nous pouvons appliquer à toutes nos renseignements sur quelques-unes. Ces classes étaient nombreuses : « Une souveraineté héréditaire, une aristocratie, une classe moyenne avec tous ses degrés, depuis l'homme aisé jusqu'au petit propriétaire, des thètes ou prolétaires, et enfin des esclaves, tels étaient les éléments de la peuplade héroïque (1). » Ce simple énoncé suffit à montrer que les couches sociales ne sont ni isolées l'une de l'autre, ni même délimitées avec précision. A tout prendre, elles n'étaient peut-être pas beaucoup plus séparées que ne le sont les classes de nos jours en France, s'il est

____

(1) Delorme, *Les hommes d'Homère.*

permis de comparer deux états sociaux si différents. Les rapports sont peu stables dans la société homérique. La force, la supériorité individuelle, le travail et l'accident produisent des revirements brusques et de perpétuels déplacements dans la richesse qui est le principal support de l'aristocratie de naissance. Les prolétaires seraient plus exactement nommés des métayers ou colons, car c'étaient de petits cultivateurs payant une redevance.

Nous ne connaissons pas également toutes les classes ; mais en dépeignant les supérieures plutôt que les autres, Homère a dépeint les vrais représentants d'une société militaire et agricole, l'élite à laquelle tous voudraient ressembler. Indulgent pour les rois, admirateur des nobles et beaux guerriers, il trahit ses penchants et ses préjugés aristocratiques en choisissant ses types de prédilection (y compris les deux serviteurs modèles Eumée et Euryclée), parmi les premières familles, et en montrant les classes moyennes sous un jour peu favorable.

Ils appartiennent aux classes moyennes, ces soldats toujours prêts à écouter Thersite et à renoncer au siège de Troie en faisant bon marché de l'honneur national (1). Ils sont aussi d'honnêtes

---

(1) Sur la haute naissance et la position inférieure de Thersite, voir L. Ménard, *loc. cit.*

bourgeois ces habitants d'Ithaque qui, tout en conservant le souvenir des bienfaits d'Ulysse, tout en
aimant au fond du cœur le jeune Télémaque et en
estimant les vertus de sa mère, gardent prudemment la neutralité dans l'assemblée générale, entre
la coalition des prétendants nombreux et forts et la
veuve et l'orphelin sans défense, de peur de se
compromettre. Cet ensemble social est certainement aristocratique ; et, tout en tenant compte des
manifestations sourdes et des tendances démocra-
tiques qui se font jour dès le temps d'Hésiode et
dont il est l'interprète formel, c'est parmi les rois
et les chefs qu'il faut chercher les types les plus
complets, les traits les plus saillants et la physionomie de l'époque. En effaçant l'éclat, la richesse,
le commandement militaire, nous reconnaissons,
à peu de détails près, la famille du héros dans la
famille des rangs subalternes. Il ne faudrait pas,
en effet, se méprendre au sens du mot *bourgeoisie*,
expression toujours impropre lorsqu'on ne la
rapporte pas à un milieu industriel. Hésiode
appartient, si l'on veut, à la petite bourgeoisie, et
cependant malgré sa situation modeste et même
pauvre, le berger d'Ascra a sa généalogie dont il est
fier. S'adressant à son frère : « Ecoute-moi, Persès,
race divine ». lui dit-il (1) ; ailleurs il décrit ainsi

(1) Ce n'est nullement un compliment à Persès qu'Hésiode
appelle plusieurs fois « grand sot » et dont il se plaint
vivement.

les occupations des femmes de sa classe : « Elle ourdit la trame et distribue la tâche aux serviteurs. » La petite propriété agricole présente, on le voit, un travail domestique, un genre de vie analogue, moins les honneurs et les trésors, à celui des hautes classes absorbées de même par la culture des champs.

Nécessairement associées pour la guerre, les différentes classes s'associent volontairement pour entreprendre et exécuter en commun les travaux de la paix. La division du travail n'a pas encore rivé l'individu à une chaîne pour le marquer du sceau indélébile d'une profession.

L'antagonisme des classes et des sexes qui suit la division du travail industriel n'existant pas, des mêmes occupations découlent les mêmes mœurs et les mêmes opinions. La femme n'est pas la concurrente mais l'associée de l'homme. Hésiode lui reproche sévèrement, il est vrai, l'amour du repos et de la parure, du loisir et de l'amusement; l'horreur de la pauvreté et la prétention de vivre des labeurs de l'homme, parasitisme effrayant, selon le poète d'Ascra, qui voit dans le travail incessant de tous la condition première de la moralité et le salut unique de la société en décadence.

Selon Homère l'activité et le goût du travail seraient universels. Ses femmes ont les qualités pratiques dont Hésiode déplore l'absence; et dans la part qu'elles prennent à l'activité générale, elles

choisissent ce qui est le plus conforme aux instincts et aux aptitudes féminines. Nous avons vu
les fonctions du sacerdoce communes aux deux
sexes, régulièrement mais diversement réparties
entre eux; les hommes accomplissant le sacrifice
sanglant et l'examen des entrailles des victimes; se
livrant en outre aux festins, aux luttes et aux
jeux bruyants en l'honneur des dieux ou des héros;
les femmes, de leur côté, s'adonnant à la prière,
au chant, aux pompes et à la visite des lieux consacrés, au soin des autels, des temples et des simu-
lacres divins. Nous avons vu de même la guerre
exiger la combinaison de toutes les forces sociales, l'attaque, l'offensive réservée à l'homme; la
défense confiée aux faibles et aux timides, aux
vieillards, aux enfants et aux femmes.

Les arts et les industries de la paix présentent
un spectacle analogue. L'art de guérir utilise les
capacités des deux sexes. Podalyre et Machaon,
fils d'Esculape, que les Grecs empêchent de combattre au premier rang, de peur de perdre leurs
secours, sont des chirurgiens d'armée. Mais ce
sont des femmes, Agamède, fille d'Augias, Médée,
Hélène, Polydamna, reine d'Egypte, qui connaissent la vertu des plantes, en autres termes, qui pra-
tiquent la médecine et la pharmacie rudimentaires
du temps (1). Plus tard, lorsque la Grèce eut des

(1) Connop Thirlwall, *Origines de la Grèce,* p. 162.

écoles de médecine, les femmes demeurèrent le médecin le plus habituel de leur famille, ainsi qu'on le voit dans l'*Economique* de Xénophon, et les études et la profession médicales étaient accessibles aux femmes de condition libre à Athènes (1).

La mythologie hellène place auprès d'Esculape, le dieu de la guérison, Jaso et Panacée, ses filles, et la déesse Hygie, sa sœur (2); et à l'époque d'Homère où Apollon est encore le seul dieu de la guérison, Latone et Diane l'assistent dans cet office. C'est en leurs mains qu'il remet Enée blessé après l'avoir transporté dans son temple de Pergame.

L'agriculture dans nos deux poèmes est presque exclusivement une occupation virile. La femme ne participe qu'à ces grands travaux dont l'urgence nécessite le concours de tous les bras. La moisson et la vendange appellent au dehors les femmes et les jeunes filles. Et l'aimable génie de la Grèce avait transformé en fêtes ces travaux entrepris en commun. La moisson et la vendange ne sont que danses, festins et chants joyeux sous la présidence du roi. A l'occasion d'une de ces fêtes, Homère montre les hommes chargés de la grosse cuisine; tuant, dépeçant et faisant rôtir les animaux do-

----

(1) Robinson, *Antiquités grecques*, p. 235. — Hyggin, *Fab.* 274.

(2) Aristophane, *Plutus*. Hygie est souvent nommée la fille et non la sœur d'Esculape.

mestiques dont on va se repaître; tandis que les femmes prodiguent la fleur de farine, pétrissent le pain, confectionnent les gâteaux et toutes les préparations délicates de l'art culinaire (1).

Les beaux-arts proprement dits n'existent point encore. Les palais sont dépourvus d'ornementation architectonique spéciale; et les trophées d'armes, les tentures, les vases, les dépouilles de toute sorte qui plus tard figureront à l'état d'image dans la parure de l'édifice, en forment alors la décoration mobilière réelle, ou si l'on aime mieux, réaliste.

Vulcain, le dieu des arts, fabrique il est vrai des statues automates; mais cette création paraît quelque chose de tout exceptionnel et surnaturel. Il n'a encore enseigné aux hommes que la métallurgie, la ciselure, la toreutique, en un mot les arts qui exigent le feu, l'enclume et le marteau, tandis que Minerve initie les femmes aux arts textiles. Cette double série des arts industriels de Minerve et de Vulcain était portée alors à une haute perfection.

Sans doute le vêtement orné de scènes de chasse que Pénélope brodait en fils d'or pour Ulysse, et le tissu qu'Hélène décorait des images des Grecs et des Troyens combattant à cause d'elle, ne seraient point à nos yeux des peintures bien correctes, mais c'étaient les meilleures peintures du temps; elles excitaient l'admiration générale, et la description

______

(1) *Iliade*, Description du bouclier d'Achille.

du poète indique d'ailleurs des procédés compliqués que peu de femmes, aujourd'hui, en dehors d'une éducation spéciale, sauraient employer; nous sommes portés à croire que ces tissus primitifs, fabriqués sans considération du prix de revient, avaient une valeur artistique supérieure aux produits similaires de l'industrie civilisée que refoule à un rang subalterne, le grand art de la peinture. Il est évident, pour citer un exemple connu, tiré de notre moyen âge, que la célèbre tapisserie de Bayeux, composée par la reine Mathilde, exigea (quelque grossier que soit le travail) un véritable effort de génie, et qu'elle fut un événement artistique aussi important que l'est parmi nous la production d'une peinture monumentale. De façon que malgré les développements qu'a reçus l'industrie des tentures, l'œuvre de Mathilde garde l'intérêt historique, le caractère et la dignité d'une création d'art.

L'imprimerie et la gravure ont, dans les temps modernes, détruit sans le remplacer l'art de l'enlumineur de manuscrits. Si l'art des femmes antiques, la teinture sur étoffes, la broderie et la tapisserie, n'a point péri comme la miniature, il n'a du moins pas progressé parallèlement à la peinture décorative. Les tissus et les tapis d'Orient qui remontent, par une tradition ininterrompue, à l'époque antique où ils furent une invention féminine, sont parmi nous des objets de prix difficiles à imiter. Qui sait si la teinture si supérieure des soies de Brousse, n'est pas encore un secret de même origine? Qui sait si la vieille femme spartiate habile à teindre la laine en pourpre, qui avait suivi Hélène à Troie, ne compterait point aujourd'hui même parmi les premières de sa profession? L'Europe moderne ne sait des lois du coloris que ce que lui a transmis l'Orient; et il ne nous paraît pas douteux que les belles traditions de l'art décoratif remontant à la plus haute antiquité égyptienne et babylonienne ne fussent déposées entre les mains des femmes grecques, méoniennes et sidoniennes, vantées par Homère. Lorsque les arts textiles, quittant le foyer, se transforment en une industrie dépendante des conditions commerciales et économiques, ils cessent d'être des arts. D'un côté, la banalité des modèles remplace, dans le choix de l'ornement, l'invention individuelle de chaque femme, l'improvisation de l'aiguille et l'accent original. Les tissus de luxe, les lourds brocarts reçoivent tout leur prix de la matière première et de la régularité mécanique infaillible de l'exécution. D'autre part, les femmes au foyer, ne pouvant plus rivaliser avec la production industrielle, abandonnent la plus noble partie des travaux textiles pour ne continuer que les plus communes et les plus pratiques; elles ne jouent plus dans la société ce rôle normal d'artiste qui sied si bien aux Hélène et aux Pénélope (1).

(1) Rôle repris sinon continué par les châtelaines du moyen âge.

6

Les ouvrages ordinaires des femmes d'Athènes sous Périclès, lorsqu'il existait des foulons et des fabricants de vêtements, devaient être déjà moins perfectionnés que ceux de Pénélope et d'Arété, mais un usage sacré conserva la mémoire de l'art féminin des ancêtres ; Minerve recevait aux Panathénées un péplos tissé et brodé par de jeunes athéniennes. Sur ce riche tissu, l'on figurait des événements mythologiques ou historiques, et l'on retraçait même des portraits (1). Le péplos d'Athênê rappelait fidèlement les compositions qu'aux âges héroïques les femmes grecques et les sidoniennes si renommées se plaisaient à imaginer.

Dans l'Odyssée, les arts textiles occupent les femmes de toutes les classes et leur talent est prisé à l'égal de la beauté par les hommes d'Homère. Le talent ne s'exerce pas seulement pour la confection d'objets nécessaires à la famille. Dans certaines classes, on fait commerce des ouvrages trop coûteux pour l'usage des personnes qui les fabriquent. Les femmes de rois et de chefs, qui seules dirigent des ateliers de captives, accumulent leurs produits dans un trésor, pour faire, à l'occasion, offrande ou présent d'un manteau, d'un tapis ou d'une tenture

(1) Si ces péplos de Minerve avaient survécu comme les tissus égyptiens enfermés avec la momie, ils formeraient pour nous une galerie de documents historiques du plus vif intérêt. Les citoyennes de Sparte brodaient aussi des vêtements pour Minerve.

à une déesse ou à quelque hôte distingué. Hélène donne à Télémaque un voile de mariée, le plus délicat chef-d'œuvre de ses mains; cadeau dont l'inutilité actuelle fait comprendre la valeur artistique. Les femmes des classes moyennes qui tiraient profit de leur talent, exerçaient probablement des industries d'art assez variées, à en juger par le passage où Homère parle des pièces d'ivoire pour le frein des chevaux, teintes en pourpre par les femmes de Méonie et de Carie; « ornement qu'elle garde dans sa demeure, et que mille guerriers désirent, mais qui, réservé pour quelque roi, fera le lustre du coursier et la gloire de son conducteur. »

Ainsi, le travail féminin était précieux et estimé. La fabrication d'objets de luxe n'arrachait point la femme au foyer qui était alors le seul centre de l'industrie. La source de prospérité ou d'aisance que le travail domestique de la femme ouvrait à la famille, explique en partie pourquoi l'homme appréciait l'intelligence et l'habileté manuelle bien au-dessus de la dot. L'heureuse répartition qui s'était faite spontanément de l'activité sociale entre les deux sexes, nous laisse entrevoir l'harmonie habituelle dans leurs rapports. Et c'est encore l'harmonie que révèle la situation donnée dans le mariage à la femme, tant par l'effet de sa propre initiative que par les coutumes matrimoniales ayant force de loi.

CHAPITRE V

Constitution de la famille.
La monogamie.

A l'époque du poète, la famille est un fait social dès longtemps consacré, et bien éloigné quant à sa forme, de l'état primitif. Le mariage a pour base la monogamie (1). Priam seul a plusieurs épouses. Bien qu'Homère ne s'applique jamais à ce que nous appelons la couleur locale, et qu'en peignant l'amour d'Hector et d'Andromaque il ait retracé son propre idéal; bien que la reine Hécube ait la prééminence sur les autres femmes de Priam, le poète suit une tradition authentique en introduisant la polygamie à Troie. Jupiter, ce dieu si enclin à la polygamie, est le patron avoué des Troyens; aussi la destruction de la ville de Priam est-elle pour Junon une question personnelle, un moyen indirect d'assurer son propre empire dans

(1) L'institution de la monogamie à Athènes est attribuée à Cécrops (*la Cigale*, l'autochtone), c'est-à-dire aux premiers habitants nés du sol, au premier fondateur de la ville.

l'Olympe. M. Ménard (1) a clairement montré que
le rôle de Junon imposant à son époux la monogamie, est le rôle de la matrone grecque à l'époque
barbare ; rôle important, difficile et éminemment
bienfaisant pour l'avenir de la société grecque.

Dans la Théogonie, Jupiter a plusieurs femmes ;
dans l'Iliade, Dioné, Latone et Cérès sont, il est
vrai, nommées les épouses de Jupiter ; mais le règne
absolu de Junon est fondé définitivement. Sa volonté
inflexible achève l'œuvre que sa situation de sœur
de son royal époux a préparée. En effet, si nous
voulons nous détacher un moment de nos idées et
de nos conquêtes morales sur ce point, nous recon-
naîtrons que les religions qui ont conservé le
souvenir de mœurs justement abolies et réprouvées,
que les religions, disons-nous, qui adorent un couple
divin du frère et de la sœur consacrent, sous une
forme mythologique, le mariage monogame et
préparent le progrès de la famille humaine. On peut
repousser l'analogie des animaux monogames où
le couple, uni pour toute la vie, se compose d'un
frère et d'une sœur nés de la même portée ; mais
il est difficile de ne pas voir qu'au début de l'humanité, ce fut l'égalité du frère et de la sœur vis-à-vis
des parents défenseurs de l'enfant faible, souvent
le plus chéri, contre l'enfant vigoureux, qui ébaucha
la notion d'égalité entre l'homme et la femme ;

(1) L. Ménard, *La morale avant les philosophes*.

notion indispensable à la constitution du mariage monogamique. Il est difficile, en présence des trois nations de l'antiquité qui ont le plus élevé la dignité de la femme, l'Egypte (1), l'Inde et la Grèce, de ne pas établir un lien entre l'union mythique du frère et de la sœur, et l'idéal du mariage définitif ou de l'association égalitaire des deux moitiés du couple humain.

Cependant les côtés naturalistes du polythéisme hellène entraînent plusieurs unions entre Jupiter et certaines personnifications féminines des forces de la nature; il y avait là danger au point de vue de l'idée de famille; mais l'esprit de la Grèce sut réagir avec Junon contre cette fâcheuse tendance de la religion. Junon écarte ses rivales; et pour appuyer ses prétentions au titre de souveraine unique de l'Olympe, elle invoque à la fois sa naissance et son mariage, ses droits de sœur et de cohéritière, et ses droits de compagne légitime. Au commencement de l'Iliade, dans une explication qu'elle a avec Jupiter, au sujet de Troie, elle lui tient un discours qui pourrait se résumer ainsi : « Je sais que ta puissance l'emporte de beaucoup sur la mienne et sur celle des autres dieux; mais, comme fille de Rhéa et de Saturne et comme épouse du maître des dieux, j'ai droit à prendre part à

(1) Les inscriptions hiéroglyphiques des stèles funéraires montrent le mariage du frère et de la sœur comme entièrement dans les mœurs des deux castes supérieures.

tous les honneurs et à toutes les décisions. »
Cependant Junon ajoute un argument plus personnel que l'idée de s'honorer soi-même en honorant son épouse ; elle invoque l'ambition, l'intérêt bien entendu du maître de l'Olympe : « Cédons-nous mutuellement nos désirs, reprend-elle à peu près, faisons-nous l'un à l'autre des concessions, entendons-nous pour un but commun, et nous entraînerons et nous dominerons les autres dieux. »

L'habile déesse s'efforce constamment de persuader à Jupiter que ses amours multiples sont des torts et des offenses envers elle-même, et elle sanctionne ses droits par la force, en persécutant ses rivales et les enfants qu'elles ont du roi des dieux. De son côté, Jupiter gémit sous le pesant joug du mariage, sans concevoir l'espérance et sans se reconnaître le droit de le secouer entièrement, tant l'institution est déjà puissante et stable. Il préfère de beaucoup ses enfants illégitimes aux légitimes, mais il n'ose protéger ouvertement les premiers contre le courroux de Junon. En revanche, il traite durement en paroles ses rejetons légaux Vulcain et Mars, celui-ci surtout, qui ne se conduit que par les conseils de sa mère dont il a l'humeur despotique et acariâtre. Vulcain, plus raisonnable depuis qu'il a expérimenté à ses dépens la vigueur du bras paternel, engage sa mère à la douceur. Et nous savons que pour dompter cette femme terrible,

Jupiter, en dernier ressort, est réduit à l'argument
de Sganarelle. Menacée par la force brutale, Junon
plie et boude en épiant l'occasion de ressaisir l'autorité. Malgré cette apparente soumission, Junon
règne par la terreur ; la crainte plus que l'amour
impose la monogamie au maître des dieux. Les
mœurs d'Athènes, s'il faut en croire la comédie
attique, ne sont pas sans analogie avec les scènes
du ménage olympien. Le bon Strepsiade, lorsqu'il
se plaint si amèrement de son fils, entièrement
dirigé par sa mère et absolument rebelle aux
ordres paternels, peut invoquer avec confiance le
Jupiter d'Homère ; car leurs douleurs sont les
mêmes. Si le despotisme féminin a laissé des traces
visibles à l'époque d'Aristophane, à plus forte raison, eut-il une bonne part au temps d'Homère, à
l'affermissement de l'institution du mariage.

Chez les hommes d'Homère, la monogamie est
admise et incontestée en principe ; mais il faut la
faire passer dans les faits sans exception, sans dis-
simulation ni faux-fuyant. Or ce principe était
fortement ébranlé par la conquête des captives. La
jeunesse d'une Chryséis, la beauté aimable et le
naturel affectueux d'une Briséis, le prestige d'une
Cassandre ou d'une Andromaque devait assurer à
ces nobles victimes, auprès de leur maître, une
place égale sinon supérieure à la place occupée
par l'épouse. Agamemnon déclare publiquement
qu'il découvre en Chryséis les attraits, les mérites

et les talents que posséda Clytemnestre autrefois en la fleur de sa jeunesse ; aussi Clytemnestre est-elle détrônée dans le cœur du roi des rois par la fille du prêtre d'Apollon.

Les femmes grecques jugèrent le péril. Elles entrevirent la sombre destinée qui attendait leur âge mûr et leur vieillesse si elles ne refrénaient les passions de leurs époux ; elles entreprirent la lutte avec une énergie persévérante qui ne recula devant rien. Pénétrées du sentiment de leur mission sociale, ces héroïnes hellènes se constituent les implacables défenseurs de l'union monogamique. La tradition et la légende nous le redisent sous mainte forme. Malheur à l'époux qui n'accepte pas dans toute sa rigueur la loi du mariage, malheur à la femme qu'il aime contrairement à cette loi, malheur même à l'enfant innocent ! Tantôt, c'est Médée, la femme épousée à l'étranger, qui affirme son droit par un triple crime, et maintient, par tous les moyens en son pouvoir, la valeur de l'union naturelle contre l'envahissement de l'alliance politique et contre la répudiation. Tantôt, c'est la jalousie d'amour qui enflamme Hermione et qui pousse la femme d'Amyntor à supplier son fils Phénix de séduire la maîtresse de son propre père, afin que le vieillard dédaigné revienne à son épouse légitime. Tantôt, c'est la seule jalousie d'orgueil qui arme l'adultère Clytemnestre contre Cassandre, la captive aimée qu'Agamemnon fait asseoir à sa droite dans ses festins royaux. Tantôt enfin, c'est le sentiment de la dignité de la femme foulé aux pieds, qui révolte jusqu'à la folie meurtrière les deux filles de Pandion, Philomèle et Progné, dont un chef-d'œuvre perdu de Sophocle avait consacré la sinistre mais touchante histoire. Ainsi la femme hellène des temps héroïques conquiert, *per fas et nefas*, son rang d'épouse unique. Auprès des tempêtes soulevées par Junon et des tragédies domestiques chez les héros, voici, dans l'*Odyssée*, un mot simple et d'autant plus important, qui achève d'éclairer la situation. Laërte avait en son palais, Euryclée, jeune et belle esclave de noble naissance, achetée à des pirates et honorée par le père d'Ulysse à l'égal d'une épouse. Volontiers il eût cédé à l'attrait qui le portait vers elle, mais il avoue que la crainte d'irriter sa femme Anticlée lui fit détourner ses yeux et ses pensées de sa servante (1). Dans cette circonstance, l'homme sacrifie son caprice à la paix du ménage ; d'autres fois, c'est l'hospitalité reçue qui lui impose un frein. Manquer à ce respect sacré de l'hospitalité, c'était jouer sa vie ; et la mort d'Hésiode est attribuée à un fait de cet ordre. Un jeune homme avec lequel il voyageait ayant déshonoré la fille de leur hôte commun, le poète fut, dit-on, impliqué dans la vengeance et aurait péri assassiné en même temps que le

(1) *Odyssée*, chant II.

coupable. Moins aveugle en ses coups que la barbare vendetta, mais d'accord avec elle, l'opinion frappait sans merci le séducteur de la femme de l'hôte et de l'ami. Tandis que l'esprit moderne ridiculise la vertu d'un Joseph et garde toutes ses flétrissures pour la femme en proie aux passions désordonnées, l'antiquité, placée non pas tant au point de vue des faits de conscience qu'au point de vue extérieur et social, honore les héros Hippolyte et Bellérophon de leur résistance à l'amour de deux femmes mariées; et elle plaint plus qu'elle ne blâme ces femmes victimes de fatals entraînements. Pour l'épouse grecque, on peut le dire, l'amour illégitime est plus qu'un crime, c'est une faute ; et une faute dont les conséquences funestes sont sans compensation. Avec sa réputation et son repos intérieur, la matrone infidèle compromet la base de son autorité; l'intérêt bien entendu lui conseille impérativement de garder la fidélité conjugale, la pierre angulaire du foyer.

A y regarder de près, là même où l'opinion publique paraît insuffisante dans son influence moralisatrice, et arbitraire dans ses jugements, on peut retrouver ce fonds de modération et d'humanité qui fait si grand honneur à l'esprit hellène.

La célébrité qu'attirait aux mortelles l'amour des Olympiens et le titre de mère d'un demi-dieu témoigne au premier abord d'un respect médiocre pour la famille. Car ces unions divines dépouillées

de leur auréole religieuse, se réduisent en adultè-
res et en naissances illégitimes contraires à la
dignité du mariage et par suite à l'influence
élevée de la femme. Les écrivains rationalistes de
l'antiquité ne manquèrent pas d'observer, en effet,
qu'une tradition tout humaine s'établit souvent
auprès de la légende merveilleuse des amours des
dieux et des mortelles. Le silence qu'exigeait pour
un temps le dieu de la jeune fille qu'il avait daigné
rendre mère, la crainte du courroux des parents
qui porte ces jeunes filles à abandonner leur enfant, et le soin qu'avait l'homme marié d'attribuer
à une divinité l'enfant inconnu qu'il mettait dans
les bras de sa femme légitime en la priant de l'élever,
paraissent à bon escient des indices suspects.

D'autre part, en dehors des poèmes d'Homère,
on recueille des exemples de sévérité paternelle ou
de vengeance lorsque le coupable n'est pas un dieu.
Tantôt le chef de famille considère sa fille comme
enlevée de vive force et il fait la guerre au ravis-
seur ; tantôt il s'irrite de ce que sa fille n'ait pas
attendu son consentement. Ainsi le père d'Antiope
envoie ses deux fils à la poursuite d'Epopée avec
mission de se venger de lui et de ramener Antiope
non sans la punir ; et Cercyon, l'un de ces rois
cruels dont Thésée délivra le monde, avait tué sa
fille Alopé, aimée de Neptune et dont ce dieu
vengea la mort. En somme, bien que les mêmes
actes entraînent des conséquences très inégales, le

Grec des temps primitifs se montre spontanément peu disposé à sévir contre les femmes. Hésiode, pas plus qu'Homère, ne nous les montre assujetties à un joug de fer. Hésiode, si sceptique au sujet de la vertu des femmes, lui qui conseille si sérieusement au jeune homme de choisir son épouse dans le voisinage afin d'être renseigné sur la conduite antérieure et de n'apprêter point à rire par son mariage, lui qui présente l'homme mal marié comme chargé pour la vie d'un pesant et inévitable fardeau, Hésiode ne menace d'aucune peine les femmes coupables envers la famille. Ajoutons que sous la république d'Athènes, alors que le manteau de la religion n'aurait pas abrité l'irrégularité de la conduite, on ne voit pas le droit de vengeance accordé au mari contre sa propre femme, bien que la loi livrât le séducteur à la discrétion de l'offensé. Il est permis de conjecturer que la croyance aux amours divines contribua puissamment à empêcher les Grecs d'adopter les châtiments cruels infligés chez d'autres peuples à la fille-mère et à la femme adultère. Il ne faudrait donc pas se hâter de blâmer la tendance à faire de la filiation illégitime des dieux un titre de noblesse et à mettre sous la protection de Mercure, de Neptune, d'Apollon ou de Jupiter les naissances douteuses. Assurément le Grec homérique respectait le mariage. Il honorait par dessus tout la chasteté chez la matrone et chez la jeune fille, mais

il ne voulait jeter personne hors la loi, et il trouva
spontanément dans ses croyances le moyen de
régulariser l'exception. C'est bien vraiment l'instinct
de la famille qui se manifeste ici dans l'interprétation même des faits les plus contraires à l'idéal
de la famille. En assurant au plus faible le plus de
prestige, en mettant au compte d'un dieu la paternité illégitime, on évita de créer une classe
d'ennemis nés de la société, et l'on préserva la
femme tombée des effets de l'orgueil de la femme
sage et fidèle, toujours prête à se faire de sa vertu
sans pitié un titre et un privilège aristocratiques.

La belle danseuse Polymèle que Mercure rend
mère d'Eudore se marie à un jeune héros; Léda
et Alcmène ne sont nullement repoussées par leurs
proches. Et cette impunité n'empêche pas la famille
homérique de nous présenter l'image d'une noble
et intime harmonie, grâce au développement de
la vie affective chez l'homme et à l'universalité du
mariage qui rend la famille régulière une jouissance
accessible à tous.

Le grand art des femmes fut alors de créer entre
leurs époux et elles une solidarité durable, une
chaîne de besoins réciproques et d'intérêts communs, et la tâche leur fut rendue facile par le
sentiment de paternité développé chez le Grec
ancien au point de participer de la tendresse maternelle. En retour du renoncement qu'elles exigeaient, ces femmes créèrent les satisfactions d'une

vie moralement supérieure, en même temps qu'elles contribuaient à l'amélioration de la vie matérielle, par leur propre travail, par l'ordre intérieur et par l'administration et la garde des biens acquis ou produits par l'homme. Elles l'entourèrent de bien-être et le revêtirent de la dignité de chef de famille ; elles l'éloignèrent des jeux barbares de la guerre en le rappelant à la protection qu'il devait à ses proches ; elles l'adoucirent et le civilisèrent en lui inspirant l'amour de la stabilité qui oppose aux séductions de l'imprévu et du nouveau, la lente et irrésistible habitude.

Ulysse pleurait dans l'île de Calypso et n'avait nul souci de la vie heureuse et immortelle, mais vide de souvenirs, que lui offrait l'aimable et gracieuse déesse. L'âme d'Ulysse s'envolait vers Pénélope. Auprès d'elle il voulait passer son âge mûr et sa vieillesse ; avec elle il voulait remonter en pensée à sa jeunesse évanouie ; vers elle le rappelait l'amour, la souffrance, l'espoir, le doute peut-être et jusqu'à l'attrait du péril, de l'insurmontable à vaincre et de l'impossible à dompter. Au sein des délices et des séductions dont l'entoure Calypso, ce que souhaite Ulysse, Minerve le dit : « Il veut revoir la fumée s'élever du toit natal et mourir (1). »

Admirable trait du génie d'Homère ! Frappant exemple de la toute puissance du sentiment de la

(1) Odyssée, Chant **1**, V 58-59.

famille dans l'âme du héros! Pénélope, en ces vingt ans d'absence, n'exprime pas une fois la crainte qu'Ulysse ait cessé de vouloir revenir. Ulysse, au contraire, tremble que la croyance de sa mort si probable n'ait déterminé Pénélope à un second mariage. Il tremble et cependant il revient; il brave les dieux et les hommes, les tempêtes et le bonheur offert; il résiste à Circé et à Calypso; il refuse la main d'une vierge accomplie, la sage Nausicaa. Tel est le pouvoir moral, l'ascendant d'une Pénélope.

Cette société homérique dont l'amour du foyer était le plus solide lien, accordait volontiers à l'épouse une grande initiative personnelle. Non seulement l'attachement des héros pour leurs compagnes, mais les conventions matrimoniales établies par la coutume témoignent d'une disposition générale à honorer les femmes et à les faire briller. Homère mentionne toujours les richesses qui accompagnent la jeune mariée. Il indique aux parents comme un devoir important de faire de beaux dons à leurs filles chéries et, dans son attention à énumérer les trésors appartenant aux héroïnes, on voit clairement le désir d'accroître leur prestige aux yeux de ses auditeurs.

Les interprétations excessives ou erronées que l'on donne parfois des usages matrimoniaux au temps d'Homère nous obligeront à nous arrêter un moment à l'examen de ces usages.

CHAPITRE VI

Le Mariage, la Dot, le Douaire.

Il semble étrange, au premier abord, de chercher dans des poèmes l'équivalent des conventions matrimoniales que nous chercherions aujourd'hui dans des textes du code, et l'on jugera, non sans raison, qu'il doit être difficile de dégager des fragments d'une épopée, l'esprit des mesures économiques prises en vue du mariage au temps d'Homère; cependant, nos recherches à ce sujet ne seront pas infructueuses et peuvent ne pas manquer d'intérêt, puisque, de notre temps, l'on s'est vivement préoccupé de cette question de la dot et qu'elle a été l'objet des solutions théoriques les plus variées.

Dès l'époque homérique, il existe des conventions matrimoniales complexes auxquelles la coutume et l'opinion donnent force de loi, et qui, manquant à nos yeux de précision ou de fixité dans le détail, ressemblent, du moins par le but auquel elles visent et par leur caractère général, aux coutumes des Germains barbares, et ont aussi beaucoup plus de rapports qu'on ne croit avec le régime dotal des Romains et des Grecs aux temps historiques. L'esprit tout aristocratique de ces coutumes qui remontent peut-être à une commune origine, semble moins d'assurer l'avenir de la famille et des enfants que de garantir l'indépendance pécuniaire et l'importance de la femme dans son intérieur, en affectant des valeurs à son usage propre.

Homère, comme toute l'antiquité grecque et romaine, veut la femme dotée. Ce fait n'a pas été généralement admis. Souvent, au contraire, on a répété qu'en ces temps la jeune fille était vendue par ses parents à son futur mari ; parce que, dans l'Iliade et dans l'Odyssée, l'on voit que les héros faisaient aux parents de leur fiancée de riches présents, et que, dans une circonstance particulière où le fiancé est dépourvu de richesses, il s'engage envers son futur beau-père Priam, au service militaire pendant un certain laps de temps, contre la promesse de la main de Cassandre ; ce qui semble bien une manière d'acheter le consentement paternel. Toutefois le terme achat est impropre en ce qu'il n'explique qu'un seul des usages matrimoniaux alors en vigueur, et qu'il ferait supposer à tort qu'on accordait la jeune fille au plus offrant. Le père, il est vrai, accepte un cadeau du jeune homme qu'il agrée pour son gendre ; mais, à son tour, il est tenu de faire à sa fille des dons considérables et désignés d'un nom spécial, ἕδνα. A l'époque historique, le terme ἕδνον ne désigne plus la dot donnée par le père, mais les cadeaux de noces offerts par le futur, cadeaux généralement magnifiques s'il en faut croire Euripide; la dot paternelle prend un nom nouveau, φερνή; mais le changement des mots n'implique pas, dans cette circonstance, une interversion de coutume, car la dot des temps historiques est accompagnée de l'*antipherné*, ou garantie de la dot, valeur égale à celle-ci, remise par le mari au tuteur naturel de sa femme, et, en outre, d'autres biens propres à la femme dont nous avons conservé la filiation et le nom dans notre mot *paraphernaux*.

Les dons paternels mentionnés par Homère, ainsi que les offrandes du futur, consistaient en objets mobiliers, en vêtements, en parures et en troupeaux de bétail. Les terres ne se partageaient point tant que le père de famille était vivant et en état de présider aux cultures, ainsi que cela se passe encore chez nos paysans propriétaires.

On trouve cependant des pays entiers qui forment, exceptionnellement sans doute, des dots princières. Pélops avait donné un territoire du Péloponèse à sa femme Hippodamie, et Cyzique passait pour la dot livrée par Jupiter à Proserpine. Ce n'est pas là, on le voit, un pur et simple achat de la fiancée (1).

(1) Le mariage par contrat de vente existe encore de nos

Si la femme devenue veuve voulait quitter la maison de son mari, les enfants héritiers devaient restituer à leur mère ou bien au père de celle-ci la dot qu'elle avait apportée. Au contraire, si la veuve demeurait dans l'ancienne maison de son mari, partageant avec ses enfants l'existence et le bien-être communs, elle n'avait rien à réclamer de son apport. Mais l'opinion protège énergiquement la veuve et fait qu'elle décide, de son plein gré, selon son vœu, et non pas selon l'intérêt des héritiers du mari. Nous l'apprenons de la bouche de Télémaque : il ne saurait, dit-il aux prétendants, renvoyer Pénélope chez son père Icare, d'abord parce que celle-ci le maudirait et que tout le monde le blâmerait ; ensuite parce qu'il lui faudrait restituer la dot maternelle, ce qui, dans le triste état de ses propriétés et de ses troupeaux, serait une charge écrasante. De son côté Pénélope déclare que le jour où son fils se mariera, elle-même se retirera chez son père, qui lui donnera une dot et un nouvel époux ; et

jours dans certaines sociétés, et l'on pourrait observer combien il contraste avec la coutume homérique. Dans les pays bouddhiques de l'extrême Orient, par exemple à Siam, où la polygamie protège efficacement la femme contre l'abandon et le paupérisme, tandis que la douceur des mœurs lui fait mener une vie d'enfant heureuse et libre, à Siam, la femme est vendue à son mari ; le prix est débattu, le père fait valoir les frais que lui ont coûtés l'entretien et l'éducation de sa fille. En cas de divorce, l'argent est rendu. Parfois la femme est donnée en cadeau.

Minerve, indiquant à Télémaque ce qu'il aurait à faire s'il ne retrouve pas Ulysse, termine ses instructions par cet ordre formel : « Donne un mari à la mère. » Donner un mari, donner une dot, ces deux expressions ne font qu'un dans le langage homérique. Comment ces preuves positives de la dot se peuvent-elles concilier, demandera-t-on, avec les cadeaux non moins certainement offerts par le fiancé aux parents de sa fiancée?

Remarquons d'abord que le poète nous dit tantôt que ces présents d'usage furent remis aux parents, tantôt qu'ils furent donnés à la femme elle-même. Tel est ce passage où est racontée la mort d'Iphidamas, héros troyen qui tombe « loin de sa jeune épouse qu'il avait comblée de dons... Il lui avait donné cent taureaux superbes et promis mille brebis des immenses troupeaux qui paissaient dans ses pâturages (1). » Ce capital donné par le mari à sa femme rappelle évidemment la *Morgengabe* des nations germaniques. Les différences d'expressions et les obscurités du langage d'Homère à l'égard des dots s'expliquent, parce que le poète parlait à un auditoire qui comprenait ses propres usages à demi-mot, puis parce que dans une même famille la distinction du tien et du mien ne se faisait pas comme parmi nous; enfin parce que si c'était bien à la jeune femme que s'adressaient les dons du père et

(1) Iliade, Ch. X.

de l'époux, c'était à la femme en vue du mariage.
Il semble d'ailleurs, que la femme, lorsqu'elle est
maîtresse de maison, dispose elle-même de ses
propres biens, puisque Pâris enlève avec Hélène
tous les trésors de la reine de Sparte.

La richesse était, dès les âges que nous étudions,
chose fort estimée ; or, le jeune homme qui venait,
de loin parfois, briguer la main d'une jeune fille,
n'avait d'autre moyen de se montrer un bon parti
qu'en apportant de splendides spécimens de ses
biens. Convaincu par ces témoignages qui ap-
puyaient la demande officielle, le père de la jeune
fille proportionnait, sans doute, ses cadeaux à ceux
qu'il avait reçus, et ces dons qui paraissent revenir
tous à la femme même, représentent à l'état em-
bryonnaire la dot, le douaire, la *Morgengabe* et
les cadeaux de noces encore en usage parmi les
peuples civilisés. Nous pensons même qu'on doit
voir dans cette coutume qui nous choque, de présents faits au père de famille par son gendre, outre
la preuve de l'engagement du fiancé, la forme première et naïve de la garantie de la dot représentée
à Athènes par l'ἀντίφερνη, et chez nous par l'hypo-
thèque légale de la femme sur les biens du mari.

De même, ce que l'on entend par la dot offerte
par le mari directement à sa femme, nous paraît
être un fonds mobilier assigné à l'entretien de celle-
ci et dont elle seule dispose. Cette coutume héroïque
aurait son analogue en Perse, où la mère du

grand roi possédait, pour son entretien, une partie de l'Asie Mineure (1). Il n'y a donc réellement, nous le répétons, ni achat ni vente de la femme au temps d'Homère, puisqu'il y a à la fois l'un et l'autre, et les prétendus contrastes entre la dot reçue et la dot offerte par le mari sont réduits, sinon à néant, du moins à des nuances et à des différences de proportions toujours variables. Théocrite nous montre dans les vers suivants, mis dans la bouche de Lyncée, la coexistence des deux sortes de cadeaux : « C'est à nous, dit-il, que Leucippe a promis ses filles, avant même de vous connaître; les serments les plus solennels nous lient; et vous, sans égard pour des engagements sacrés, vous venez *par vos présents corrupteurs, séduire un faible vieillard et enlever des troupeaux, des richesses qui doivent nous appartenir* (2). » Ces cadeaux de part et d'autre prouvent la sollicitude de la société homérique envers la femme, et le désir de maintenir sa personnalité; c'est l'hommage d'affection et de tendresse, le tribut d'honneur rendu à la beauté de l'épousée, à son rang et à son titre de maîtresse de maison; ce ne sont pas des moyens de conclure une union intéressée.

(1) La libre disposition de son apport semble, pour la femme, une coutume générale en Orient. Les Musulmans l'ont conservée. Peut-être le manque d'industrie qui ne fait pas sentir comme en Occident, le besoin de concentration des capitaux, doit il expliquer cet état de choses.

(2) Théocrite. — Idylle XXII.

Nous voyons constamment que les héros recherchent une jeune fille sans songer à ses richesses, et quand Agamemnon, pour apaiser Achille, tente son ambition par une alliance, et lui fait offrir d'épouser celle de ses trois filles qui aura su toucher son cœur, ajoutant : « Loin d'exiger de lui les présents accoutumés, je la doterai d'immenses richesses, telles que jamais père n'en combla sa fille (1) », Achille accueille cette proposition avec indifférence.

Les prétendants de Pénélope eux-mêmes attirés d'abord par l'ambition de la royauté, mais bientôt séduits par le talent, par le caractère et par tous les mérites de la femme d'Ulysse, déclarent qu'ils ne pourront se résoudre à chercher d'autres femmes, aussi longtemps que celle-là n'aura point fixé sa propre destinée en choisissant un époux. On voit que si le fait de la dot a peu changé avec les siècles, il n'en est pas de même de ses inconvénients ou de ses avantages qui se modifient selon les pays et les temps, avec l'esprit qui préside au mariage et avec les formes qui l'entourent. Les héros d'Homère se marient sans mobile intéressé, et les pères ne se montrent pas non plus corruptibles par les présents.

Toutefois cette coutume primitive des cadeaux offerts au père de la fiancée choqua, sans doute, les anciens comme elle nous choque nous-mêmes,

____

(1) *Iliade*, ch. IX.

car elle tomba en désuétude à Athènes ainsi qu'une autre coutume également naïve et barbare dont nous devons dire un mot.

Les fêtes du mariage étaient précédées de grands jeux publics, de concours entre les prétendants, et le choix définitif restait subordonné au résultat de ce concours ou de cette lutte de force et d'adresse. La crainte d'irriter les rivaux écartés dut contribuer à l'adoption de ce système qui laissait en apparence le sort maître de la main d'une jeune fille. Nous disons en apparence, parce qu'en réglant les conditions de ces luttes, le père pouvait préparer le succès du concurrent préféré. Un fait certain, c'est que les parents et les jeunes filles de l'âge héroïque tiraient gloire à un degré qui, aux yeux des modernes, manque de délicatesse, et des cadeaux offerts, et des luttes et des entreprises hasardées pour obtenir leur consentement. L'idée de concours ou de sélection, comme on dirait de nos jours, appliquée au mariage, était loin de déplaire aux Hélène, aux Atalante et aux Pénélope ; car épouser le plus brave, le plus fort et le plus agile, c'était avoir pour protecteur le vrai chef, le vrai roi ; c'était partager la fortune inattaquable du plus riche, du plus puissant et du plus noble dans l'estime générale. Si d'ailleurs les concurrents étaient des partis à peu près égaux par le rang social, il n'y avait pas entre eux ces nuances insaisissables de caractère qui, dans un état civilisé, forment les principales attractions ou les incompatibilités d'humeur. On n'oublie pas, non plus, que les Grecs conservèrent toujours pour l'adresse aux exercices du corps une estime telle que les hommes de la plus haute intelligence s'appliquaient à y exceller. Les jeux olympiques n'étaient qu'exercices physiques, et cependant Solon accorde une récompense publique considérable au citoyen d'Athènes vainqueur à Olympie, comme à l'une des gloires de la cité. A plus forte raison, la vigueur et la souplesse corporelles sont-elles, du temps d'Homère, une marque certaine et l'un des premiers éléments de la supériorité. Voilà pourquoi les jeunes héroïnes, au lieu d'assister en spectateurs passifs aux combats dont elles étaient le prix, formaient des vœux pour le vainqueur, l'admiraient presque comme un dieu, aussi sincèrement que la famille entière s'enorgueillissait de la beauté de la vierge pour qui un plus grand nombre de rivaux luttait de générosité, de magnificence et d'héroïsme. Pénélope propose aux prétendants d'épouser celui d'entre eux qui pourra tendre l'arc d'Ulysse, parce qu'elle les en sait incapables, et que la preuve de leur infériorité les rendra plus humbles et moins pressants. Mais cette sage Pénélope qui, en comparant les prétendants à Ulysse, les reconnaît de tous points inférieurs, ne laisse pas d'être flattée que, dans son âge mûr, un si grand nombre de jeunes chefs la recherchent, et n'est rien moins qu'indifférente à leurs louanges et à leurs hommages. Quant à Hélène, nous la voyons assister sans hésitation au duel de ses deux époux, et se complaire à célébrer sur une broderie pittoresque les héros qui meurent à cause d'elle.

En présence des innombrable rivaux qui se disputaient la main d'Hélène, Tyndarée avait pris le sage parti de la laisser elle-même se prononcer ; elle avait choisi le blond Ménélas. Ulysse, au contraire, avait obtenu Pénélope pour prix d'une course à pied où il fut vainqueur ; la légende est ici, sans le savoir, quelque peu satirique, en mettant l'infidélité à la suite du choix d'Hélène et la constance de Pénélope à la suite d'un heureux hasard. Une tradition qu'Homère n'a pas immortalisée, mais qui s'adapte parfaitement à son type de Pénélope, nous montre celle-ci déjà intimement liée par l'amour à Ulysse au commencement de leur union. Ulysse quittait Sparte pour retourner en son pays d'Ithaque, ramenant sa jeune femme. Le père, désespéré de ce départ, suit le char qui s'éloigne, et supplie en pleurant, sa fille et son gendre de demeurer auprès de lui. Fatigué de ses larmes auxquelles se joignaient celles de Pénélope, Ulysse, s'adressant tout à coup à celle-ci, l'adjure de décider entre son père et son mari, de partir de son plein gré si elle l'aime, sinon de rester en son pays. Pénélope, pour toute réponse, abaissa son voile sur son visage, et Icare, comprenant le langage muet de sa fille, fit retourner ses chevaux vers Sparte (1).

Ainsi donc, en dépit des concours et des présents qui auraient réduit le mariage à n'être qu'une convention impersonnelle et un acte livré au hasard; les hommes de la Grèce antique, même selon la tradition vulgaire, le conçoivent tel qu'il est en vérité, comme l'union volontairement et librement consentie par les époux.

Les singulières coutumes que nous venons de rapporter ne s'effacèrent que lentement, car l'histoire de la Grèce, au vi° siècle, fournit encore un exemple du mariage héroïque, et l'opinion publique s'y montre favorable au concours des rivaux. Il s'agit du tyran de Sicyone, Clisthènes, dont la fille, Agariste, fut la bisaïeule maternelle de Périclès : « La magnificence avec laquelle il accueillit les prétendants qui venaient de toutes les parties de la Grèce et même des contrées étrangères pour lutter entre eux, selon l'ancienne mode, dans des exercices qui exigeaient de la force afin d'obtenir la main de sa fille, obtint une si grande célébrité qu'Hérodote donne une liste des compétiteurs (2). »

Il fallait des circonstances exceptionnelles, au

(1) Pausanias, Laconie.
(2) M. Connop Thirlwall, *Origines de la Grèce*, ch. X, 304.

temps de Clisthènes, pour qu'un tel fait se pro-
duisît, et il dut frapper vivement, en effet, ses contemporains. Le père d'Agariste, oppresseur des
Doriens, s'était mis en évidence par une capacité
personnelle qui lui avait valu la dictature ou tyrannie. Son pouvoir et son illustre naissance faisaient
rechercher au loin son alliance, et son immense
fortune lui permit la profusion et la magnificence
de l'hospitalité héroïque. Mais, en général, la simplicité des mœurs républicaines avait pris alors
le dessus, et le progrès d'une civilisation tendant
à l'égalité remplaçait les usages aristocratiques et
chevaleresques par des habitudes plus démocrati-
ques. La bourgeoisie des cités, suivant le conseil
d'Hésiode, se mariait toujours dans son propre
voisinage, si bien que le mariage en dehors de la
cité devint une impossibilité légale. Il n'y eut que
la haute noblesse, la classe des eupatrides d'Athènes, notamment, qui se permît encore parfois des
alliances étrangères à la cité.

Les coutumes héroïques du mariage, la dot, le
douaire, les présents réciproques, les luttes d'adresse
et de générosité, loin donc de témoigner de l'infériorité féminine ou même d'une double tendance
contradictoire qui, d'un côté, serait la sollicitude
pour le bien-être matériel des femmes, et de l'autre,
l'indifférence quant à leurs convenances morales
et à leurs volontés, concourent au contraire, si l'on
pénètre l'esprit de ces coutumes, à témoigner de

l'importance sociale de la femme, intimement liée, dans ces temps barbares, à la gravité et à la solennité de l'acte du mariage.

Cependant une difficulté entrevue dans les observations précédentes subsiste et doit être éclaircie. Selon quel mode l'héritage et la propriété pouvaient-ils échoir et demeurer aux femmes, à des êtres faibles, dans un état social où la spoliation et les abus de la force étaient si faciles ? Quelques mots encore sur la situation intérieure de la femme répondront à cette question et suffiront à faire comprendre comment les notions de propriété, de mariage et de famille étaient alors rivées l'une à l'autre. Pénélope veuve doit être remariée par son père ou par son fils : « Je donnerai un mari à ma mère, » dit Télémaque, répétant les instructions et jusqu'aux mots de Minerve. Les femmes étaient-elles donc dès lors, ainsi que cette expression l'indique, perpétuellement mineures comme elles le furent plus tard à Athènes ? Au premier abord on s'en étonne, en présence de la vie si libre des femmes et des jeunes filles dans l'Odyssée. Mais la minorité légale est parfaitement compatible avec la liberté individuelle, de même que l'émancipation légale des femmes peut être une minorité réelle et complète, ainsi que cela se voit chez nous, pour le cas de la femme en puissance de mari. Nous n'hésitons pas à reconnaître dans les deux grandes épopées, un premier indice de la minorité des femmes, telle que la régularisera Solon. Cependant il y a deux points à distinguer.

Le mariage, comme acte religieux, exige pour sa célébration un prêtre officiant. Ce rôle sacerdotal appartient, dans toute l'antiquité grecque, au chef de famille. Lorsque Achille dit que Pélée le mariera, lorsque Pénélope dit la même chose de son père Icare, c'est à la cérémonie même du mariage et au caractère sacerdotal du père qu'ils font allusion. Comme acte civil (s'il est permis d'appliquer ce terme aux temps héroïques) le mariage est la seule émancipation de la tutelle paternelle, pour l'homme aussi bien que pour la femme. L'unité de la maison est telle que le père et la mère de famille y sont les seuls maîtres, quels que soient le nombre et l'âge de leurs enfants. Seuls ils commandent et disposent de toutes choses. Il n'y a pas un âge de majorité; c'est le jour du mariage qui fait sortir les fils de la maison paternelle et les élève au rang d'hommes, de membres actifs et influents de la société (1).

Même affranchissement pour la fille qui se marie; elle va fonder une maison qu'elle gouverne sou-

(1) « Je remarque, » dit M. J. Baissac, « que dans plusieurs auteurs anciens, dans Pachymère entre autres, le mariage est dit avoir été chez les Grecs une initiation à la vie civile... Aussi le même mot τελειοῦσθαι signifiait-il tout à la fois atteindre l'âge viril et se marier. » — J. Baissac, *les femmes dans les temps anciens.* Collection Hetzel, 1857.

vraiment. Mais si la situation des fils et des filles vis-à-vis de leurs parents est identique, il n'en est pas de même de la situation respective des époux, si l'on considère le mariage au point de vue économique.

La femme a choisi ou accepté librement son mari; aidée de son intendante, elle conserve et administre la fortune intérieure; elle hérite des royaumes mêmes, comme le prouve, entre autres, l'exemple d'Hélène, et néanmoins la richesse de la femme reste passive. La propriété reposant en ses mains est un droit que nul ne met en valeur. Il y a là une sorte de minorité naturelle que le législateur ne pourra que consacrer. Si prudente et si habile que soit Pénélope, il n'est pas en son pouvoir d'empêcher les domaines d'Ulysse de dépérir. Non seulement elle ne saurait surveiller les cultures et résister à la spoliation; mais sa propre industrie n'est plus alimentée comme autrefois, car les rapines des prétendants qui se saisissent des troupeaux, lui ôtent la matière première nécessaire à son travail, et Ulysse n'est plus là pour acheter ou conquérir de bonnes ouvrières, d'industrieuses captives.

L'économie est la seule ressource de la femme isolée, aussi Pénélope pousse-t-elle si loin cette vertu que Télémaque se plaint de la parcimonie des dons qu'elle fait à d'honorables hôtes. A quoi bon, d'ailleurs, l'économie et l'industrie chez la femme laissée seule? Ses efforts sont annihilés par sa faiblesse, tandis que sous la protection de l'homme son associé, elle devient pour celui-ci une source de richesses. De son côté, l'homme des temps héroïques a besoin d'une femme pour constituer un foyer et faire fructifier les produits de son activité guerrière ou pacifique, comme la femme a besoin du capital et de la sécurité qui lui viennent de l'homme. Ainsi, le point de vue des affections laissé de côté, on s'explique néanmoins très bien que le mariage, la dot, le douaire se soient spontanément organisés de la manière la plus satisfaisante chez un peuple éminemment intelligent, et dans un âge où l'homme, autant que la femme, est attiré vers le mariage; où l'un et l'autre ont des intérêts sociaux convergents et généralement bien compris.

La répartition des charges de la famille, la division des fonctions est parfaitement définie par Hector dans l'incomparable scène des adieux que le bon Plutarque a si mal entendue. Lorsque, en proie à de sinistres pressentiments, le héros craint de s'affaiblir par des larmes, il oppose à la tendresse d'Andromaque ses obligations de maîtresse de maison que son amour inquiet néglige et abandonne; dans sa pensée, la passion même légitime est subordonnée au devoir. Il ne veut pas être pour Andromaque tout l'univers, non plus qu'elle-même ne doit être tout pour lui; il est roi, il est le rempart de la cité. « Retourne dans ta demeure, dit-il, reprends tes travaux, la toile et la quenouille; distribue à tes femmes la tâche quotidienne. La guerre regarde les hommes qui sont nés dans Ilion et moi surtout. »

On le voit par ce passage, le devoir et la vertu de la femme n'étaient pas compris par Homère comme se rapportant seulement à l'homme individuel; la vie de la femme n'est pas entièrement vouée au bien-être égoïste de son époux, ni même à l'amour et aux joies de la famille. De même que dans nos deux poèmes, le mariage et la famille forment une institution solide, une véritable association de forces et d'affections, de même, la mission de la femme a un caractère social, essentiellement domestique, sans doute, mais non pas au sens étroit que nous attachons à ce mot. *L'Odyssée* nous le prouve jusqu'à l'évidence par le personnage de Pénélope; personnage qui se meut dans un milieu profondément différent du nôtre, mais qui se retrouverait cependant de nos jours même, si nous y regardions de près.

CHAPITRE VII

Pénélope
ou le rôle de la Matrone.

Détournons-nous un moment de l'intérieur des grandes villes modernes où les mœurs industrielles, avec l'agglomération des familles réduites à n'occuper qu'un espace trop restreint, ont fait disparaître le type ancien de la maîtresse de maison, et nous verrons que dans les campagnes les plus florissantes de notre Europe occidentale, l'existence agricole a conservé à bien des égards la famille des Grecs d'Homère. Ce n'est pas, comme on pourrait croire, l'image du tas de fumier dressé auprès du palais d'Ulysse, ou des troupes d'oies élevées et soignées par Pénélope, Hélène et Hécube dans la cour de leur habitation qui nous suggère ce rapprochement ; l'analogie est réelle et témoigne de la stabilité des habitudes fondées sur nos meilleurs instincts. Supprimons par la pensée les traits poétiques, la royauté d'Homère, et nous nous retrou-

verons au milieu d'une de ces grandes fermes où
le bien-être (mais un bien-être dépourvu des raf-
finements du confort), où l'abondance et la richesse
se produisent et s'accroissent sous l'effort combiné
de l'homme et de la femme; où la ruine, au contraire, suit infailliblement soit le défaut d'intelligence, de jugement et de raison, soit la mollesse
de la volonté, soit les maladies et les infirmités
prolongées, et enfin, où le veuf ni la veuve ne peuvent que très imparfaitement continuer seuls l'œuvre entreprise à deux.

La vie à l'air libre et l'activité incessante déve-
loppent chez la fermière la santé, l'esprit pratique
et la fermeté. La *Maîtresse* (dans plusieurs pays,
elle a conservé ce nom que porte la femme mariée,
chez Homère et plus anciennement dans l'Inde des
Védas) (1), la maîtresse vigilante garde encore le
logis, distribuant la tâche aux serviteurs. Qu'ont
de commun la femme riche ou pauvre des villes,
celle-ci ménagère accablée de fatigues et de privations, celle-là rouage inutile dans le mécanisme de
ses propres affaires qu'elle ignore, avec cette fermière
revêtue de l'autorité suprême dans son intérieur
pendant que le mari est absorbé, comme l'homme
d'Homère, par la direction des travaux extérieurs?
Dans cette véritable association conjugale que présente la maison du cultivateur, de quel côté est

(1) Max Müller, Mythologie comparée.

la faiblesse, où est l'obéissance passive, où l'esprit
de domination? Si, en l'absence souvent nécessaire
du mari, la femme ne sait prendre l'initiative,
commander aux mercenaires, gouverner, enfin, le
travail languit et s'arrête; la timidité, l'indécision
et la rêverie chez la fermière, ce serait l'anarchie à
la ferme. Aussi, la tyrannie domestique du mari,
si fréquente chez l'habitant des villes et même chez
le paysan prolétaire, ne saurait exister chez le cultivateur aisé. Seul exemple d'une vie normale, à la
fois indépendante, active et stable, au milieu des
perturbations de notre société révolutionnaire, la
famille rurale, avec sa forte unité, la solidarité de
ses membres et son harmonie intime, réalise plei-
nement l'idée de la famille telle qu'Ulysse et Pénélope en donnent l'image. Le choix réciproque des
époux, déterminé souvent avec simplicité par des
convenances de situation nullement romanesques,
n'a pas, il est vrai, le privilège de nous émouvoir
et de nous intéresser. C'est qu'entre ces âmes et
les nôtres il y a peu de communications. Nous
dédaignons leur calme, leur vie lente au prix de
notre existence agitée et leurs préoccupations toutes pratiques d'où l'imagination et la passion nous
semblent bannies. Et cependant, ne les sentons-
nous pas plus près que nous du vrai bien? Et
n'est-ce pas ce sentiment du vrai qui attire et
ramène toujours l'homme moderne vers le vieil
Homère, en vue de ce toit fumant d'Ithaque, sym-

bole éternel du foyer domestique? Ne craignons donc pas de nous livrer à une idéalisation chimérique, en remontant à deux mille ans et plus pour recueillir un souvenir vénérable, qui est en même temps un gage de progrès et d'avenir.

Par cette comparaison entre la famille d'Ulysse et une vie de famille qui n'a point disparu du monde, nous voulons attirer l'attention sur certains côtés importants, souvent négligés, du rôle de Pénélope que l'on considère, en général, trop exclusivement comme le type de la fidélité conjugale. Homère assurément lui attribue ce caractère. Il la propose pour modèle à toutes les femmes de la Grèce, mais en appuyant fortement sur les côtés sociaux de la vocation féminine. Encore une fois, il n'a pas fait de Pénélope l'incarnation pure et simple du sentiment, car s'il l'eût entendu ainsi, il eût craint d'éclipser son héroïne en plaçant à ses côtés deux êtres qui lui sont moralement supérieurs.

Deux incomparables serviteurs, la fidèle et inébranlable Euryclée, et Eumée le bon pasteur, voilà en qui se personnifient le dévouement désintéressé, le courage, la soumission au destin, la candeur indélébile de l'âme, en un mot, la sainteté. Voilà, dans l'Odyssée, les humbles héros du devoir; voilà la vertu sans mélange, sans calcul, sans espoir de récompense. Pénélope aussi est vertueuse; mais le mobile de sa conduite, l'avenir de son fils, est évidemment d'ordre pratique et social ; et de là vient que Pénélope ne perd point au voisinage de deux êtres moralement plus parfaits et plus sympathiques.

Pour elle, il ne s'agit pas, ainsi qu'il semble trop généralement admis, de donner l'exemple de l'amour unique et du veuvage éternel. On peut aisément s'y tromper parce que l'amour unique et le veuvage figurent à l'état d'aspiration et d'idéal dans nos deux poèmes. Mais la grande infériorité de cette société barbare, sans garantie pour l'individu faible et isolé, est précisément l'impossibilité de réaliser les plus nobles aspirations. Le mariage étant une nécessité pour tous, et de beaucoup la meilleure des conditions d'existence alors possible, le poète ne pouvait engager les femmes, par l'exemple de Pénélope, à se mettre en dehors de la loi commune. La coutume du veuvage aurait eu pour conséquence de charger un même homme de la protection d'un trop grand nombre de femmes, et l'institution, nouvelle encore, de la monogamie n'aurait pu s'affermir. Garder sa propre maison, recueillir une aïeule, nourrir une seule épouse et élever ses filles jusqu'au mariage, c'était là un fardeau assez lourd pour un seul guerrier. Il était donc inévitable que la veuve, lorsqu'elle n'avait pas dépassé les limites de l'âge mûr, confiât sa destinée à un nouvel époux. L'universalité du mariage lui assurait toute chance de trouver ce second protecteur. Pénélope donc ne prétendait pas échapper au sort inévitable et n'aurait osé se promettre la fidélité envers Ulysse au delà du tombeau.

Qu'on se demande, en effet, pourquoi elle n'oppose jamais un refus péremptoire aux prétendants? Pourquoi de sa part tant d'hésitations et d'atermoiements? Pourquoi la coquetterie mise en jeu? Pourquoi ces secrets messages d'espérance envoyés en particulier à quelques-uns des rivaux? Et pourquoi, surtout, cette scène si choquante aux yeux du lecteur moderne, où Pénélope, suivie de ses femmes, se présente à l'entrée de la salle du festin et, prenant pour motif de son discours les dépenses que font chez elle tous ces convives, insinue que c'est par des présents et non par de mauvais procédés qu'on brigue la main d'une femme? L'avis est entendu. Sur le champ, colliers, manteaux, agrafes et riches coupes affluent de toutes parts. Et notons bien qu'Ulysse déguisé qui assiste incognito à ce spectacle, se réjouit au fond du cœur de voir sa digne compagne exceller dans l'art de s'attirer des cadeaux précieux.

Les manœuvres (on serait tenté de dire les *roueries*) de Pénélope ne peuvent que compromettre une réputation de veuve, et ne sauraient aucunement convenir à une femme vouée au culte du passé et résolue à ne vivre plus que du souvenir de son époux. Mais la satisfaction d'Ulysse pendant la scène indiquée, satisfaction d'accord avec les instructions qu'à son départ pour Troie il avait données à sa femme, nous avertissent clairement qu'Homère juge la conduite de celle-ci prudente, habile, profitable à la famille, et en un mot parfaitement légitime. C'est qu'en effet, le problème qui, vingt années durant, se dresse devant Pénélope sans qu'elle le puisse résoudre, c'est de savoir si elle doit agir comme femme ou comme veuve d'Ulysse. Alternative redoutable et grosse de périls. Ulysse n'est plus, lui dit-on, et dans ce cas il faut choisir un époux. Pénélope a le courage de n'accepter point la probabilité de son veuvage, de s'en tenir au doute, et d'appliquer toutes ses énergies à gagner du temps. C'est par là qu'elle témoigne de son attachement à Ulysse, de sa haute intelligence et de son ferme sentiment des devoirs de la femme.

Reine et prêtresse du foyer que sa présence seule institue et maintient, la femme des temps héroïques doit craindre d'attribuer prématurément à la mort l'absence prolongée de son mari; car l'erreur, dans ces cas d'absence si fréquents alors, est une source inépuisable de désordres. Que le mari au retour trouve son foyer désert ou sa femme remariée, qu'il prétende reprendre ses droits ou qu'il fonde un autre foyer, de toutes parts surgissent les conflits, et dans la famille d'un chef, d'un Ulysse, d'un Œdipe ou d'un Agamemnon, le conflit prend les proportions d'une calamité publique. Dans les classes élevées, la propriété et l'héritage se joignent aux rivalités personnelles pour enfanter ces interminables séries de vengeances dont l'horreur s'est plus spécialement identifiée avec le nom des Atrides.

La royauté qui constitue alors le plus puissant, sinon le seul lien politique, n'est que la fonction agrandie du chef de famille à son foyer. Cette institution offre un mélange variable assez mal déterminé de l'hérédité et de l'élection ; mélange de la force et du droit, du hasard de la naissance et du consentement des peuples. Ulysse est reconnu roi d'Ithaque du vivant de son père Laërte qui a déposé le fardeau et les prérogatives de la royauté. Ulysse absent, le jeune Télémaque est trop faible pour exercer d'une manière efficace la fonction royale, et Pénélope, pas plus que son enfant, ne possède la vigueur indispensable à la pratique du gouvernement. Aussi l'anarchie règne en Ithaque et l'on voit que l'assemblée du peuple et des chefs reconnaîtra roi le mari qu'aura choisi Pénélope. Sa conduite et sa décision ne sont pas une affaire purement d'intérêt privé, mais d'ordre public et d'intérêt général.

La féodalité du moyen âge a reproduit pour quelques femmes cette confusion de la vie domestique et de l'existence politique, lorsque la fille héritière d'un fief ou la veuve était tenue de se marier sans différer ; trop heureuse si le suzerain n'intervenait pas brutalement pour lui imposer un choix. Que de guerres, que de périls attendre des prétendants éconduits ! Mainte noble dame, sans doute, recourut aux ressources d'une Pénélope et eût mérité la gloire au même titre.

La loi salique qui exclut les femmes de la succession au trône en constituant une hérédité politique, fait comprendre, par contraste, les incertitudes de la transmission de la royauté en Grèce. On y observe que les veuves de rois confèrent à un second époux la royauté qu'elles tiennent de leur premier mariage, sans que jamais elles gouvernent par elles-mêmes. Jocaste veuve, en épousant Œdipe, le crée roi de Thèbes. Egisthe règne à Argos en vertu de son union avec Clytemnestre, veuve du roi. A plus forte raison, la fille héritière apporte ses droits à son époux. Pélops obtient, pour prix de la course de chars, la fille et les états d'Œnomaüs, tyran de Pise. Ménélas est roi de Sparte du chef d'Hélène, fille de Tyndarée (1). Plus tard, les Spartiates, au dire de Pausanias, aimèrent mieux obéir à Hermione, fille d'Hélène, et à ses enfants, qu'aux fils illégitimes de Ménélas. L'hérédité sans la sanction de l'attachement du peuple n'assurait point la

(1) On attribue à Marc-Aurèle un mot d'une authenticité contestable, mais qui rappelle bien l'idée de la royauté antique. Comme on lui conseillait le divorce avec Faustine : « Il faudra donc rendre la dot, » aurait-il répondu, en faisant allusion à l'empire.

succession. On le voit, notamment d'après la légende de Téménus, roi d'Argos, assassiné par ses fils pour avoir voulu léguer sa couronne à sa fille Hyrnétho et à son gendre Déiphontes aimé des Argiens, au détriment de ses propres fils légitimes. Ceux-ci, qui s'étaient rendus impopulaires, ne réussirent par leur crime (1), qu'à faire graduellement cesser la royauté rendue par eux haïssable.

Ainsi, non seulement la fille est héritière comme le fils, ce qui s'accorde avec l'égalité qui règne entre les deux sexes dans la société homérique et avec le caractère théocratique des castes royales; mais, de plus, la veuve est dépositaire du pouvoir, c'est-à-dire préférée à ses enfants; il y a là une véritable anomalie qui ne promettait pas une longue durée à la forme monarchique en Grèce. Quoi qu'il en soit, les filles ou les veuves de rois, revêtues des attributions de la souveraineté, choisissent pour en exercer effectivement les fonctions, un mandataire dans la personne de leur mari, et le peuple ratifie ce choix par son assentiment et son obéissance, tout en rattachant à la femme même l'idée dynastique. L'Œdipe de Sophocle, véritable père du peuple, parle et agit en exécuteur des volontés de sa femme. Dans l'Ion d'Euripide, Xuthus époux de Créuse n'est que le représentant de la reine héréditaire d'Athènes. Le Ménélas de l'Odyssée

______

(1) V. Pausanias.

est visiblement aussi le chef temporel de Sparte dont Hélène est la souveraine de par le droit de son sang divin. Les chefs de la Grèce, en considérant l'enlèvement d'Hélène comme un acte de violence, firent preuve d'esprit politique, puisque cet enlèvement menaçait l'intégrité et par suite l'indépendance de la Grèce. Pâris, devenu par un rapt époux de la reine, ne manquerait pas de revendiquer des droits sur Sparte, pour lui-même ou pour ses descendants. Ramener Hélène de Troie, c'était rendre à Ménélas son titre légitime aux yeux du peuple, préserver l'Hellade du joug de l'étranger et maintenir l'unité hellène en empêchant que le mariage d'une grecque avec un prince troyen introduisît le régime asiatique au cœur du Péloponèse.

Ces observations sur la royauté héroïque éclairent la situation et la conduite de Pénélope pendant l'absence d'Ulysse. Dans l'épouse fidèle, n'oublions pas de considérer la femme de roi. La coutume dominante assure à Pénélope, laissée seule, son titre de reine d'Ithaque à la condition de se remarier et de faire régner sur l'île un chef réel, dans la force de l'âge, et capable de se faire obéir. L'ambition personnelle de Pénélope, sa vanité, ses intérêts propres et jusqu'à l'amour du repos, tout lui conseille donc de se déclarer veuve en acceptant les vingt années d'absence d'Ulysse pour une certitude de sa mort. Mais la sage Pénélope se montra mère avant tout, et le modèle des mères, par l'intelligence comme par le dévouement. Voilà le mérite et la beauté de sa conduite, le dernier mot de son caractère et le fondement de sa gloire. Bien loin de suivre l'instinct du cœur de la femme qui, selon l'observation si vraie du poète « n'ayant de soin et d'intérêt que pour la maison d'un second époux, ne songe plus à l'époux mort, et n'a point souci des enfants de la première union » (1), Pénélope se sacrifia tout entière à son fils. Elle voulut ménager les droits de Télémaque jusqu'à ce qu'il eût atteint l'âge d'homme et qu'il eût acquis la force de revendiquer lui-même devant les anciens sujets de son père l'hérédité du commandement suprême. Si, avant cette époque, Pénélope avait déclaré l'intention de demeurer veuve, sans aucun doute, un des principaux chefs de l'île se fût fait roi et eût fondé une nouvelle dynastie. C'est pour éviter cet écueil que, louvoyant sans cesse et déployant toutes les ressources de la politique féminine, Pénélope invente chaque jour quelque ruse nouvelle; sa seule affaire est de différer; elle n'a garde de prendre parti et de décourager ces chefs qui convoitent le trône avec sa main. Elle les amuse et les abuse l'un

(1) Odyssée, ch. XV.

Οἶσθα γὰρ, οἷος θυμὸς ενι στήθεσσι γυναικός,
Κείνου βούλεται οἶκον οφέλλειν ὃς κεν οπυίοι,
Παίδων τε προτέρων καὶ κουριδίοιο φίλοιο
Οὐκέτι μέμνηται τιθνηότος, ουδὲ μεταλλᾷ.

après l'autre. Mais le jeu devient de plus en plus difficile, et il est grand temps que Télémaque se sente enfin la force d'agir en homme et se montre le digne fils d'une telle mère.

Au moment où s'ouvre l'Odyssée, Télémaque atteint cet âge décisif et Pénélope nous apparaît souriant au milieu des larmes quand, pour la première fois, il révèle dans ses paroles une énergie virile. Les prétendants savent si bien que le dévouement maternel est le principal obstacle à leurs desseins qu'ils tentent de diviser les intérêts de la mère et du fils. Ils espèrent pousser celui-ci à conseiller le mariage à sa mère. Et pour cela, ils le menacent de dévaster systématiquement son héritage et lui disent en toute franchise : assurément ta mère recueillera la gloire pour prix de sa conduite, mais toi, tu recueilleras la ruine.

Pénélope aimait de tout son être et pleurait amèrement Ulysse. Nul héros ne l'égalait à ses yeux, nul n'était digne de le faire oublier. L'amour conjugal soutint en elle l'amour maternel, et la constance du sentiment lui donna la persévérance dans la poursuite du but qu'elle visait, la conservation de la royauté héréditaire pour son mari ou son fils. Un faible espoir lui restait encore de travailler pour Ulysse même et de revoir le compagnon, l'ami, le guide de sa jeunesse. Cependant les chances du retour d'Ulysse diminuent rapidement. C'en est fait du bonheur passé. Le moment de marier

Télémaque approche. Et quand ce jour arrivera, Pénélope nous le dit, elle quittera le palais d'Ulysse désormais gardé par une autre femme, et elle retournera chez son père où, la tristesse au cœur, elle se résignera à un second hyménée.

Ainsi la crise prévue par Ulysse à son départ atteint son paroxysme. Le poète a tendu la corde au dernier degré. Vingt ans de fidélité, de lutte héroïque, de courage, de ruse et d'habileté vont aboutir à un vulgaire mariage sans amour, dicté par des nécessités sociales. La volonté d'une femme a longtemps fait face au destin, mais le destin l'emporte. Encore quelques jours, quelques heures peut-être, et Pénélope domptée courbera la tête sous le joug. C'est alors qu'apparaît dans sa toute-puissance, Minerve, la divine patronne des femmes au cœur vaillant. C'est alors que revient Ulysse victorieux, et que la légende hellène couronne la femme et la mère d'une double auréole de gloire et de bonheur.

Telle est Pénélope ; telle est la femme selon le cœur d'Ulysse, le Grec par excellence ; la femme que se disputent de nombreux prétendants. Ils ont beau se savoir joués par elle, ils l'aiment et l'admirent d'autant plus, et d'autant plus se déclarent résolus à tout risquer pour la conquérir. On ne nous accusera point d'avoir amoindri Pénélope en lui ôtant une sorte de perfection absolue qui ferait d'elle un type abstrait, pour lui rendre les perfections relatives de la femme d'un certain temps et d'un certain milieu, et pour rappeler l'ensemble des traits de l'héroïne telle qu'Homère la signalait à l'émulation de ses contemporaines. Ce n'est point abaisser l'idéal que de montrer la matrone, non pas exclusivement vouée au bien égoïste d'un individu, mais ayant conscience de toute l'étendue et de la grandeur de sa mission qui est l'affermissement du lien moral de la société par la puissance du foyer.

Au surplus, Homère ne s'est point borné à représenter le mariage avec les complexités de la vie pratique d'une époque barbare ; nous allons essayer maintenant de le suivre sur le terrain du pur sentiment, de l'amour conjugal.

CHAPITRE VIII

**L'amour conjugal et la satire du mariage. — Alcinoüs
et Arété. — Hector et Andromaque. — Vulcain,
Mars et Vénus. — Hélène, Ménélas et Pâris.**

Lorsque après avoir observé les mœurs, nous
arrivons à l'analyse du cœur humain, à l'expression du sentiment, à l'image de l'idéal enfin,
Homère seul peut nous expliquer Homère. Aussi
sans vouloir retracer en prose des épisodes qui
sont le chef-d'œuvre de la poésie, il nous suffira
de faire appel aux souvenirs de tous. L'amour
conjugal apparaît sous un triple aspect dans nos
poèmes ; le bonheur, dans l'île des Phéaciens, se
personnifie en Alcinoüs et Arété ; nous avons vu
les vicissitudes de la vie à Ithaque ; nous verrons le
malheur, la fatalité suprême de la mort, à Troie,
avec Hector et Andromaque. A ces admirables
tableaux ne manque pas le repoussoir ; auprès de
l'enthousiasme, l'ironie ; auprès de l'amour conjugal, la satire du mariage.

Egalement vrai dans la peinture des trois types du mariage idéal chez les héros, Homère nous émeut davantage par la situation tragique d'Andromaque et d'Hector, qu'en déployant à nos yeux la félicité sans nuage d'Alcinoüs et d'Arété, ou les actions parfois critiquables d'Ulysse et de Pénélope. Ne nous y trompons pas cependant, les circonstances seules varient et non le sentiment. L'unité est aussi complète dans chacun de ces couples où l'époux et l'épouse se reflètent si fidèlement qu'ils semblent frère et sœur. Dès sa jeunesse, lorsque prudemment silencieuse, elle marque par un geste qu'elle préfère son époux à son père, Pénélope ressemble moralement trait pour trait à Ulysse. Digne élève de son rusé maître, sa conduite, lui absent, sera telle qu'il la dicta d'avance et qu'il l'eût conseillée à toute heure. De même Arété formée à la générosité par Alcinoüs, le roi chevalier, son oncle et son mari, est le type de la grande dame et le modèle des reines. Chez Andromaque, ainsi que chez Hector, la bonté, les penchants affectifs sont les plus développés. Si ces trois couples n'ont point pour nous un attrait égal, c'est qu'il ne présentent pas également les traits permanents les plus sympathiques de notre nature. La prospérité, même unie à toutes les vertus bienfaisantes, nous laisse calmes et ne peut fixer longtemps notre intérêt. Les luttes actives de la vie nous montrent l'homme souvent souillé et toujours moins beau, moins digne d'admiration pure que le martyr. Aussi, les sentiments d'Hector mourant pour la patrie sont les nôtres, tandis que les actes d'Ulysse et de Pénélope mettent en évidence les points où notre morale diffère de la leur. Il nous déplaît de trouver Ulysse préoccupé de l'idée qu'il revient chez lui les mains vides comme s'il craignait d'être froidement accueilli, puis imaginer, pour consoler Pénélope qui le pleure en sa présence, de lui dire qu'Ulysse s'attarde à faire du butin ; et nous sommes même tout à fait choqués d'entendre les premiers épanchements de ces époux fidèles après vingt années de séparation, n'être qu'une lamentation prolongée sur les ravages causés dans leurs troupeaux par les festins des prétendants.

Sachons cependant regarder en face ces dissidences révélatrices. Sachons comprendre ce qui fit les délices des contemporains d'Homère et lui donna prise sur leurs âmes. S'il ne leur eût présenté le spectacle de leurs propres passions, il n'aurait pu ennoblir en eux le sentiment et affermir la notion du devoir. Ulysse et Pénélope ne se font pas de protestations d'amour, mais leur réunion même est la preuve la plus éloquente de leur indestructible amour. Ne les séparons donc pas dans notre pensée des types d'une idéalisation plus hautement morale, d'Hector et d'Andromaque, d'Alcinoüs et d'Arété.

Comme s'il avait senti que la sérénité de l'image en atténuerait l'effet dramatique et que les placides figures d'Alcinoüs et d'Arété n'attacheraient pas assez fortement nos imaginations, Homère a voulu les couronner d'une perfection suprême en faisant naître d'eux, au sein d'une destinée toujours souriante, la vierge idéale, Nausicaa. La plus délicate, la plus gracieuse, la plus belle des créatures humaines, la vierge, ne devait-elle pas apparaître comme la fleur vivante de l'amour qui possède la quiétude avec la tendresse, et comme l'incarnation de la sagesse prospère?

Le roi de l'île de Schérie a des fils jeunes, aimables et brillants, mais combien ils semblent effacés auprès de leur sœur! C'est elle qui éclaire et domine le tableau. Elle est l'âme même du foyer rayonnant, la jeunesse persistante d'Alcinoüs et d'Arété, leur gloire aux yeux de tous.

De même que Pénélope, le modèle des femmes, Nausicaa, le modèle des jeunes filles, nous est dépeinte avec autant de franchise et de hardiesse que de grandeur. Elle n'est point sans défauts. Comme la plupart des jeunes filles à qui la direction d'une maison n'a pas encore donné la notion de la responsabilité, Nausicaa manque d'ordre; Minerve déguisée lui reproche sa négligence, son insouciance des vêtements de la famille; ses tuniques mal pliées, les manteaux de ses frères trop rarement blanchis; et Nausicaa reconnaît, non sans confusion, qu'elle s'acquitte imparfaitement de ses fonctions domestiques. Mais auprès de cette ombre légère, quelle perfection dans le caractère moral de la jeune princesse! Quelle tenue! quelle raison précoce et naïve encore!

On redoute justement les jeunes filles aux allures trop libres, celles qui regardent, écoutent, connaissent tout et parlent de tout. D'autre part, la simplicité absolument innocente ne saurait avoir un attrait durable; et la même délicatesse morale qui s'arrête hésitante et se prend à douter devant la jeune fille dont l'imagination a parcouru le monde, fait comprendre à l'homme combien il serait grossier et vulgaire en n'estimant la pureté qu'au prix de l'inertie de l'intelligence et du néant de la volonté. Nausicaa tient le milieu exact entre ces deux excès de liberté ou d'ignorance; l'élévation de son rang facilite, d'ailleurs, la conservation de son charme virginal joint à une certaine initiative et à un caractère naturellement enjoué. Entourée de suivantes et de compagnes, ayant à sa disposition des chars attelés et des mules que ses frères lui ont montré à diriger, Nausicaa peut se promener et sortir de la ville avec son escorte sans courir de dangers et sans compromettre sa réputation dont elle fait grand cas. Elle ne craint pas d'être vue en public, et au contraire elle ne voudrait d'entretien particulier avec personne; mais constamment inspirée par la bonté, si elle con-

naît la valeur des mauvais propos et blâme les
jeunes filles qui s'y exposent étourdiment, ces
propos ne l'empêcheront pas de porter secours
à un malheureux. Courageuse et résolue, c'est elle
qui rappelle ses compagnes fuyant à la vue d'Ulysse
et qui leur ordonne de prendre soin du naufragé.
Pendant son rapide entretien avec celui-ci, on ne
sait ce qui séduit le plus en elle, de sa présence
d'esprit, de son ton modeste, réservé et sans coquetterie ou de la candeur avec laquelle parlant du
mariage, elle donne à entendre à Ulysse que,
recherchée par de nombreux prétendants, elle est
libre encore, et qu'il pourra, non sans espoir de
succès, demander sa main à ses parents. A l'intérieur du palais, Nausicaa ne vit pas en recluse,
mais elle n'est pas non plus émancipée. Laissant
sa mère pénétrer seule dans la salle du festin, elle
s'arrête au seuil, regarde de loin ce qui se passe,
et c'est là qu'elle attend Ulysse et que, sans dissimuler qu'il a touché son cœur, elle lui adresse
de ravissantes paroles d'adieu en le priant de se
souvenir toujours d'elle.

On aime à parler de nos jours de l'union de
l'art avec la morale. Pour trouver le problème
résolu, il suffirait de revoir ce tableau inimitable
où la belle Nausicaa joue avec ses compagnes sur
les bords du fleuve, sans soupçonner la présence
d'Ulysse, tandis que le héros saisi d'une émotion
religieuse, la contemple, puis l'aborde avec le res-

pect qu'il aurait pour Minerve. La fille d'Arété est bien, assurément, l'égale des vierges olympiennes; modeste comme Hestia, allègre comme Diane, intelligente, forte et prudente comme Pallas, elle l'emporte même, selon nous, sur des déesses immortelles et à jamais heureuses, car on s'attache à ses grâces fugitives d'autant plus passionnément que le temps a prise sur elles, et que l'on pressent les transformations qui feront d'elle une Arété, une Pénélope ou une Andromaque, selon les arrêts du sort.

Ainsi les souverains de l'île de Schérie avec leur fille personnifient le bonheur humain et les joies de la famille, comme Pénélope figure le devoir actif, et Hector et Andromaque l'amour conjugal en proie à la suprême fatalité. Ici Homère ne se préoccupe plus d'enseignement, il veut ébranler les cœurs d'une poignante et profonde émotion; et ce que veut Homère, l'humanité y cédera toujours. Toujours l'épisode d'Hector et d'Andromaque arrachera des larmes à ceux même qui le liront dépouillé des beautés de la langue originale. C'est du côté des vaincus que le poète a choisi la victime illustre sur laquelle doit reposer l'intérêt moral le plus saisissant. Devant Troie, le droit et la force sont avec Achille, Agamemnon et Ménélas. Le prestige du martyre appartiendra à Hector, le héros plein de douceur qui, blâmant le rapt injuste commis par son frère Pâris, protège Hélène, la femme coupable, contre les reproches d'Hécube et les insultes des autres femmes. La supériorité morale d'Hector, l'amour parfait du héros troyen et d'Andromaque avec la catastrophe qui le brise, voilà l'inspiration de génie, sans laquelle l'*Iliade* n'aurait été qu'une exécution en masse de bandits et de pirates, une tuerie monotone, semblable à la fin sauvage et traînante du poème des *Nibelungen*. Pour toucher le moins possible à l'épisode sublime que tout le monde a présent à la mémoire, nous empruntons la courte et excellente analyse qu'en a donnée l'auteur des *Femmes d'Homère*.

« Il est, dit-il, un moment unique dans la vie de la mère et de l'épouse où ce caractère atteint pour ainsi dire toute sa plénitude et brille de son plus vif éclat, c'est le moment où, récemment engagée sous les lois de l'hymen et tandis que son amour conserve encore toute sa fraîcheur, toute sa naïveté, elle tient déjà suspendu à son sein le premier fruit de cette union. Son cœur d'amante se dilate et s'élargit pour faire place au sentiment maternel, sa puissance affective est doublée et double aussi est son bonheur. » Tel est le moment choisi par le poète pour nous peindre la compagne d'Hector.

« A cette loi de la nature qui veut que les affections d'Andromaque soient les plus vives et qu'elle les concentre plus que tout autre sur son époux et son enfant, il faut joindre encore une circonstance extérieure qui contribue aussi pour sa part au même résultat ; c'est qu'elle n'a plus ni patrie, ni famille. Achille, après avoir dévasté la superbe Thèbes de Cilicie, fit périr son père Éétion et massacra ses sept frères tandis que Diane perçait sa mère de ses flèches. Privée de tout autre appui, de toute affection naturelle, Andromaque est donc entraînée par la seule force des choses, à n'aimer qu'Hector et Astyanax, et à les aimer de toutes les puissances de son âme. Ajoutons enfin que le poète semble éviter de nous la montrer dans des situations étrangères au double caractère qu'il voulait lui faire représenter. Hécube, Arété, Pénélope se montrent quelquefois ou femmes, ou reines, ou gardiennes vigilantes des richesses de leurs époux. Chez Andromaque, nulle action, nulle pensée qui n'ait pour objet Hector ou Astyanax. Elle n'est jamais qu'épouse ou mère (1). » Et cet Hector qu'elle aime est le plus parfait des héros : il possède la jeunesse, la beauté, la force, la bonté, la résolution du caractère avec un courage égal à celui d'Achille ; il est, par son rang, le premier des Troyens ; il se reconnaît le chef d'une vaste famille, il se sent responsable du salut de Troie ; tout son être respire une autorité légitime. Il est en vérité le *pasteur des peuples* qui saura mourir pour son troupeau. Audacieux contre les présages funestes,

____

(1) Cambouliu. *Les femmes d'Homère.*

déclarant que le meilleur oracle est de combattre
pour son pays, il tient en même temps à l'opinion
publique; il se montre soucieux de ce que pense-
ront de lui *les Troyennes aux longs voiles*, parce
qu'il sait être l'honneur et la gloire d'Andromaque.
Enfin lorsqu'il élève sa prière vers les dieux, c'est
pour leur demander, comme suprême faveur, que
son fils devienne un jour plus grand et meilleur
que lui-même et que la renommée de ce fils, portée
plus haut que la sienne propre, rayonne sur la
mère qui l'a enfanté. Quelle délicatesse cachée
sous ce vœu de progrès! Et comme ce cœur généreux a trouvé la seule consolation qui puisse
calmer celle qu'il aime! Pour apaiser l'épouse et
l'amante, Hector lui montre son enfant; il l'attache
aux préoccupations maternelles et cherche à détourner sa vue du sombre présent vers un avenir
plus heureux. Mais Andromaque repousse les
consolations d'Hector et lui oppose la peinture
navrante des maux qui attendent l'orphelin privé
d'un bon père. Les deux âmes n'essayent plus de
se dissimuler l'une à l'autre leur mortelle douleur.
Alors la voix du devoir, de la nécessité morale se
fait seule entendre. D'un accent viril Hector rappelle à Andromaque qu'elle se doit au travail de
l'intérieur comme lui à la guerre. Il craint qu'elle
ne veuille, du haut des remparts, suivre les péri-
péties du combat, et il l'engage à rentrer dans son
palais et à se vouer ainsi que lui à sa mission

sociale. Bientôt la fatalité va justifier ces sinistres présages et déraciner un bonheur trop complet.

Telle est la glorification du mariage dans Homère ; on y voudrait adjoindre une autre légende hellène, non moins touchante et poétique, bien que vague et altérée dans sa forme, la légende d'Orphée et d'Eurydice. Mais quelles paroles ajouteraient à la signification de ces deux noms ! Tous les arts dans l'antiquité et dans les temps modernes ont été, sont et seront l'écho de l'amoureux Orphée.

Si l'idéal simple et sublime de l'amour au temps d'Homère nous émeut encore et doit vibrer éternellement dans le cœur humain, l'aspect satirique du mariage n'a pas non plus vieilli depuis ces âges reculés ; et, chose singulière, c'est dans les familles des dieux olympiens que le poète a retracé les petits côtés, les travers et presque les ridicules de l'intimité domestique.

Le ménage de Jupiter et de Junon n'est rien moins qu'un modèle d'harmonie. Quant à celui de Vénus et de Vulcain, c'est le pire des ménages homériques, car son équivalent parmi les hommes, la famille de Ménélas, conserve à défaut de vertu, la dignité qui manque absolument à Vulcain.

La vie privée de Jupiter et de Junon, connue dans ses moindres détails, offre une parodie sur laquelle la muse comique d'un Aristophane ou d'un Molière n'aurait point eu à enchérir. Les maris de la comédie ne sont pas plus réels que ce maître des dieux tenu sous le joug d'une épouse intolérante autant qu'irréprochable, qui ne captive point son cœur. Junon n'ignore point les faiblesses de son conjoint; et comme il n'y a nulle illusion dans son esprit, il n'y a pas non plus un moment d'oubli dans sa conduite. A-t-elle intérêt à séduire Jupiter, elle court emprunter à la reine des amours la ceinture qui donne les grâces irrésistibles, bijou merveilleux qui n'est pas d'ordinaire la propriété de l'épouse légitime. Aussi Junon emploie habituellement d'autres moyens que la séduction. Elle pratique le mensonge audacieux et la surveillance incessante. Aucun des faits et gestes de son mari ne saurait lui échapper; Jupiter le sait, et au début de l'Iliade, il nous est représenté s'efforçant, mais sans espoir de succès, de cacher à sa femme un secret d'État, la visite de Thétis à l'Olympe. Junon, de son côté, se soumet et reconnaît quand il le faut l'impossibilité de la résistance. Dans une réconciliation qui suit l'une des fréquentes brouilles des souverains de l'Olympe, ils conviennent que lui, Jupiter, abandonnera Troie, et qu'elle-même laissera sans protection contre lui Argos, Sparte et Mycènes, ses trois villes grecques de prédilection. Trois villes pour une, la concession semble large, mais en fait elle se réduit à rien. Junon obtient tout et Jupiter change un tiens contre deux tu l'auras; c'est Troie qu'il s'agit d'abandonner immédiatement et non Argos ou Mycènes que personne n'attaque. De plus,

Junon avoue elle-même que Jupiter étant beaucoup plus fort qu'elle, quand même elle refuserait de livrer ses bonnes villes, elles ne seraient pas moins détruites, si le maître des dieux l'avait décidé. Elle accorde donc ce qu'elle n'aurait pas le pouvoir de refuser; et Jupiter, comme à l'ordinaire, fait un marché de dupe. Le mari dompté a bien, il est vrai, des retours de colère terrible où, comme Sganarelle, il menace de battre; et Vulcain rappelle à sa mère combien sérieuse est la menace; mais ce n'est pas uniquement devant la force matérielle, c'est devant l'ordre accepté par elle que Junon se résigne à céder. Un jour que, de concert avec Minerve, elle partait pour secourir les Grecs dans leur camp, Jupiter lui fait enjoindre de rebrousser chemin; les déesses obéissent et ramènent les chevaux à l'écurie. Il s'agit ici d'affaires publiques dans lesquelles les deux femmes ont voulu s'immiscer, et non pas d'affaires privées. Or, c'est dans les choses domestiques que Junon sent son droit et sa supériorité de situation.

« Le rôle d'Héra dans les poètes, sa dignité fière, dit M. Ménard, cette infatigable persévérance qui emploie tantôt la séduction, tantôt la ruse, jamais l'infidélité, qui se tait devant les menaces, mais sans céder et qui finit toujours par triompher, tout semble indiquer que le passage de la barbarie à la civilisation par l'épuration de la famille fut surtout l'œuvre des femmes (1). »

(1) De la Morale avant les philosophes, p. 104.

Toutes les femmes n'eurent pas la volonté et l'autorité de Junon; plus d'une marcha dans les voies dangereuses de Vénus et put fournir au poète le type toujours vivant de l'infidélité légère sans l'excuse de la passion. L'épisode de Mars et de Vénus enfermés par Vulcain est de tous les temps. Le mari trompé, trompe à son tour; il tend un piège, feint un voyage et, par un retour subit, constate le flagrant délit en présence de tous les dieux. Ceux-ci rient à cœur joie à la vue du beau couple pris aux filets de Vulcain. Mais aux dépens de qui se déploie l'inextinguible rire homérique? Sur ce point, les commentateurs ne sont point d'accord. Ce qui prouverait du moins que les rieurs ne sont pas tous du côté du mari, ce sont certains propos d'une moralité douteuse, qu'échangent deux jeunes dieux, Hélios et Mercure, dont l'un avoue tout bas envier le sort de Mars. Dans cette réunion auguste, le seul Neptune garde le décorum de la divinité. Il presse Vulcain de dégager les coupables; mais le mari insiste pour obtenir de Mars, selon son droit, des dommages-intérêts et, de plus, il exige de Jupiter la restitution des présents qu'il lui fit en épousant Vénus. Cette dernière démarche, d'après l'analogie des formes usitées dans les temps historiques, semblerait une demande de divorce. Quoi qu'il en soit, Vulcain ne rompt ses mailles qu'après que Neptune, personnage respectable, s'est porté caution pour Mars.

Voilà certes des dieux familièrement traités par le poète. Si l'idéal divin y perd, la morale humaine peut-être y gagne; car en plaçant chez les immortels et au compte de Vénus les aventures hasardées, Homère indique suffisamment que les écarts que les dieux se permettent ne sont point à imiter, et que le mariage et la famille demeurent choses saintes et vénérables à ses yeux. En effet, s'il représente des femmes coupables, un génie sombre et fatal les a entraînées ; témoins Ériphyle et Clytemnestre. Hélène seule reste toujours sereine et radieuse, sans toutefois devenir un exemple pernicieux. C'est qu'elle ne personnifie nullement et par conséquent ne saurait glorifier la passion. Abstraction faite de sa physionomie mythique encore visible dans Homère, Hélène est le type accompli de la belle femme, par excellence ; de celle que l'on admire de loin unanimement et qui est à la fois sa propre idole et l'adoratrice la plus convaincue de sa beauté. Reine absolue dans tous les lieux où elle se montrera, toutes les situations de la vie lui sont indifférentes, car toutes se transformeront en souveraineté. Au harem, elle serait la première ; quelle que soit sa naissance, il y aura pour elle un trône. Elle n'a souci de légitimité. Amante, elle règnera aussi bien qu'une épouse. Telle est la nature d'Hélène. Douée des plus hautes facultés intellectuelles, habile ouvrière, artiste, savante, eu égard au peu de connaissances qui existent de son temps, elle ne possède que faiblement les dons du cœur. Elle n'aime point et elle est peu touchée du bonheur d'être aimée. D'ailleurs la plus belle des femmes n'est pas la compagne du premier des guerriers. Elle doit se croire supérieure au blond Ménélas qu'elle a choisi pour sa blonde chevelure sans doute, car ses autres avantages ne sont point de premier ordre. Il n'est que le cadet de sa maison ; et, bien qu'un vrai brave, il n'atteint en force ni Achille, ni Agamemnon, ni même Ulysse, Ajax, Diomède ou d'autres encore. Ménélas n'est donc point l'égal d'Hélène comme Ulysse l'est de Pénélope. Aussi Vénus insinue-t-elle facilement en un cœur indécis, flottant et faiblement enchaîné, le caprice pour le beau Pâris, l'attrait de l'amour nouveau, de l'aventure et de l'inconnu. Mais le mariage est à tel point le type de la vie domestique au temps d'Homère sans avoir encore des formes légales arrêtées, qu'Hélène et Pâris à Troie sont considérés comme époux, qu'Hélène parle de Ménélas comme d'un premier mari, et qu'elle nomme Priam père et les enfants de Priam frères et sœurs.

Cependant son cœur ne se fixe pas plus que par le passé. La molle timidité de son amant la désabuse, et le courage déployé par Ménélas en un combat singulier contre Pâris lui montre qu'elle a perdu au change. Aussi ses vœux se tournent du côté des Grecs, dès que se lève sur leur camp l'aurore du succès. Le souvenir de ses compagnes d'enfance, de sa fille unique, de sa chère patrie, se ranime à la vue de l'armée hellène; et la comparaison de sa situation à Troie l'amène à un triste retour sur sa faute. Combien la fille de Tyndarée était plus honorée à Sparte que dans Ilion ! Car en vain Priam et les vieillards tombent en admiration devant sa beauté, elle n'occupe point la première place dans la ville phrygienne. Hécube et Andromaque ont plus d'autorité, et d'ailleurs la monotone existence qu'on mène en ce palais asiatique ne ressemble guère à la vie d'une reine de Lacédémone. L'idée des combats dont elle est le prix occupe agréablement sa pensée; et bientôt elle souhaitera le triomphe des Grecs, car Hector immolé, elle reste sans l'appui de cet ami généreux, désormais exposée à la haine des femmes troyennes que Priam seul a peine à contenir.

Dans l'*Odyssée* nous retrouvons Hélène toujours la même; toujours belle et indifférente, rentrée dans son royaume héréditaire, satisfaite de la prise de Troie à laquelle elle a volontairement contribué au dernier moment, entourée du respect de ses hôtes et de ses sujets, objet de la curiosité admirative qui s'attache à sa naissance, à sa beauté, à ses talents, à sa célébrité, à ses manières de grande et noble coquette, à son amabilité surtout et à l'art de raconter, que de lointains voyages ont développé chez elle. Elle seule, devant les princes grecs qui ont souffert tant d'épreuves par sa faute, se croit obligée de se condamner en paroles, de se qualifier d'impudente (κυνῶπις), mais aussitôt Ménélas l'interrompt et détourne le cours de l'entretien. Hélène est véritablement la reine de beauté. Aussi le danger politique repoussé par la prise de Troie, la Grèce rejette volontiers la faute sur Vénus et non sur une nature perverse.

Plus criminelle que sa sœur Hélène, Clytemnestre est plus intéressante néanmoins, parce qu'elle n'a cédé que peu à peu à l'entraînement de la passion d'abord combattue. Un vénérable aède ou poète laissé auprès de la reine d'Argos, la maintient longtemps dans le devoir ; mais la faiblesse du cœur aimant de la femme va trahir son bon vouloir. Egisthe enlève d'auprès de la reine son ami et son soutien moral, et n'étant plus rappelée aux conseils de la raison, elle se laisse bercer aux douces paroles de l'ambitieux. Quel émouvant spectacle nous présentent cet usurpateur et sa compagne toujours au pied des autels, toujours l'âme inquiétée, importunant les dieux d'offrandes et de sacrifices ! Cependant au moment même où l'épouse infidèle va chercher le repos dans le meurtre d'Agamemnon, celui-ci est assis au festin avec sa captive favorite Cassandre. Si Clytemnestre n'a pas la vertu de Pénélope, Agamemnon n'est pas un chef de famille pénétré de ses devoirs comme Ulysse. Le roi des rois à qui tous obéissent, est l'esclave de ses passions désordonnées et n'a jamais mis un frein aux soudains mouvements de son cœur. Devant cette double violation des lois de la famille, le crime qui a pour victime le despote Agamemnon, s'entoure de circonstances atténuantes. Clytemnestre fut une noble femme. Et l'on peut se demander si, aimée par un Ulysse, elle ne se fût point montrée la digne émule d'une Pénélope.

Nous avons suivi le mariage des Grecs d'Homère dans ses modifications et ses nuances diverses. Après avoir parcouru avec le poète tous les degrés du bonheur et du malheur comme de la moralité domestique, et jeté un coup d'œil sur le caractère des femmes dépeintes dans les situations les plus notables, nous sentons la grandeur et la beauté de la famille telle qu'il la conçoit; nous connaissons ce qu'est selon lui l'amour. On a voulu réduire ce sentiment à n'être dans la société homérique que l'épanouissement de la jeunesse et l'attrait des sens, quelle méprise! Et comment, si l'on en juge ainsi, distinguer les amours d'Hélène et de Pâris, de l'union d'Alcinoüs et d'Arété? Comment expliquer les pleurs d'Ulysse que ne peuvent faire cesser les charmes de Calypso? Le sentiment des hommes d'Homère est encore évidemment à un état primitif de simplicité, mais non de faiblesse. Ces hommes ne connaissent pas les subtiles distinctions qu'établit Platon entre l'âme et le corps, entre un amour pur, sublime et divin, et un amour inférieur et vulgaire. Ils n'analysent point, ils ignorent la passion tourmentée des modernes, et cette exaltation fiévreuse que nourrissent les obstacles et les difficultés sociales. Mais le lien qui unit Ulysse et Pénélope, Hector et Andromaque, est vraiment de l'amour au sens profond et élevé du mot ; l'amour conjugal, cet idéal du bonheur sur la terre, si bien défini par Ulysse, lorsqu'il termine ainsi ses souhaits d'adieu à Nausicaa : « Il n'est point de spectacle plus touchant et plus beau que celui de l'homme et de la femme qui, unis d'un mutuel amour, gouvernent ensemble leur maison. Ils sont le désespoir de leurs envieux, la joie de leurs amis ; mais eux seuls connaissent l'étendue de leur bonheur (1). »

Selon cette notion du bonheur où ne figurent point les satisfactions de l'ambition, l'idéal de l'homme d'Homère est encore tout entier contenu dans la vie domestique, et c'est de la femme qu'il attend le bien suprême. Dans cette société, les deux extrêmes de la condition humaine sont personnifiés en la femme. Le type de la plus grande désolation, de l'existence la plus abaissée, c'est la femme pauvre, la veuve isolée de toute protection, et le type de la vie pure, noble et civilisée, l'image de la félicité, c'est la femme dans la famille, régnant par le cœur. Nausicaa et sa mère que les

____

(1) *Odyssée*. ch. VI, v. 180-185.

hommes contemplent comme une déesse, semblent
envoyées du ciel. En effet, pour un être humain,
quelle mission plus belle que la mission pacifica-
trice à laquelle s'est vouée la bienfaisante reine ?
Se faire aimer, vénérer de tous, comme fait Arété,
et par ce respect universel, triompher des instincts
barbares qui s'agitent et qui grondent au fond
des cœurs; apaiser par sa seule présence les luttes,
les rivalités et les prétentions égoïstes ; parler et
agir comme l'arbitre et la providence des mortels ;
exercer constamment une sorte de droit de grâce
sur cette terre où la justice est trop souvent rude
et cruelle, n'est-ce pas là vivre semblable aux
dieux ? N'est-ce pas accomplir sa destinée de
femme ?

CHAPITRE IX

**L'idéal féminin selon Homère et selon Hésiode.
Conclusion.**

Après avoir évoqué l'image du bonheur et de la vertu aimable qui a nom Arété, nous avons achevé de caractériser la femme grecque au temps d'Homère. Ces aperçus peuvent sembler incomplets parce que d'une part, nous avons négligé de chercher des types féminins dans l'Olympe; d'autre part, parce que nous n'avons pas joint à l'idéalisation sympathique, ce que l'on pourrait appeler l'idéalisation antipathique; et notamment, nous n'avons pas mentionné cette personnification célèbre des sévérités de l'opinion antique sur la femme, Pandore. Ce n'est pas sans motif toutefois que nous nous sommes borné à l'appréciation des simples mortelles. La femme dans les mythes grecs — Pandore aussi bien que les déesses — appartient selon nous, à l'histoire générale de l'évolution de l'idéal féminin dans l'humanité, plutôt qu'à l'histoire sociale et morale des femmes. La forme, l'aspect particulier d'un pays et d'un temps n'est jamais aussi accentué chez les déesses que dans les types poétiques purement humains. On a remarqué avec raison que, dans une même mythologie, les déesses se ressemblent plus entre elles que les dieux, et que, d'une mythologie à l'autre, elles se confondent aussi plus aisément. Dans le panthéon égyptien surtout, il est presque impossible de répartir les attributions des diverses déesses. L'unité de la nature et de la destination féminines l'emporte sur les caractères individuels. Il nous suffit donc de rappeler en terminant, cette idéalisation mythique pour rattacher notre examen spécialement historique à un plus vaste ensemble.

Lorsqu'elle n'est plus observée dans sa réalité sociale passagère, selon la diversité des mœurs — et du costume — la femme représente, nous avons dû l'indiquer, ce qu'il y a de plus permanent dans la nature humaine, le sentiment, l'impulsion bonne ou mauvaise. La considérer à ce point de vue immuable, ce serait répéter ou citer tout ce qui s'est jamais dit en bien et en mal du sentiment. Elle est la séduction, le pouvoir par lequel le faible substitue aux lois sa propre volonté, toujours variable, qu'il fait exécuter aux forts. « Souvent femme varie ; » ainsi proteste l'homme révolté contre le caprice auquel il obéit. Toute une caté-

gorie d'observations sur les femmes se condense-
raient en ce mot.

Comme elle est la séduction fatale, elle est ce
qu'il y a de meilleur, la pureté, la tendresse, la
vierge, la mère; puis à un certain moment de
l'évolution, elle devient la pureté et la tendresse
unies, la Vierge-Mère. En somme, la femme est le
bien ou le mal. Dans la religion monothéique de
l'Occident, le mal se nomme Ève, et le bien, Marie.
Dans l'ensemble du passé théologique si, recueil-
lant les témoignages émanés de toutes les civili-
sations, nous voulions résumer en deux noms la
femme source de tout bien, et la femme source de
tout mal, nous opposerions Isis à Pandore.

A l'Egypte sacerdotale appartient à jamais l'honneur d'avoir affirmé la providence féminine en
créant Isis. « Fragilité, ton nom est femme ! »s'écrie
sous le coup de la douleur éprouvée et infligée par
le sentiment, la poésie moderne. Bonté inépuisable, compassion sans mesure, ton nom est mère,
dit, à l'aurore de la civilisation, la caste sacrée
des rives du Nil.

Isis ou Pandore, vers l'un ou l'autre de ces deux
pôles se dirigent les types féminins mythiques de
tous les temps. Le sujet ainsi généralisé, notre
étude ne s'y rattacherait que par une seule question : à quel degré de l'évolution l'idéal féminin
était-il parvenu dans la religion grecque au temps
d'Homère ?

On peut indiquer ici brièvement. la réponse. Sans parcourir toute la mythologie grecque pour y chercher la divinisation du génie féminin, de la pureté ou de la tendresse, rappelons simplement avec Pythagore que chaque phase de la vie de la femme était consacrée par un nom divin. « Ne s'appelle-t-elle pas Coré quand elle est vierge, Nymphé lorsqu'elle est mariée, Mèter quand elle a enfanté, Maïa quand elle arrive à la vieillesse (1)? » En effet, tous les aspects de l'existence féminine ont leur symbole et leur patronage parmi les immortels. Si Jupiter qui deviendra plus tard Jupiter Panhellénien est le gardien de l'association politique, Junon, Minerve, Cérès et Proserpine, Vénus et Diane sont, avec des différences de ville à ville, des divinités populaires dans toute la Grèce. Diane et Vénus n'ont point encore une importance majeure, chez Homère. Junon impose silence à Diane, et Minerve parle avec dédain à Vénus. Mais dans les hymnes, Diane est devenue la grande déesse d'Ephèse, la patronne des amazones et des assemblées délibérantes.

L'hymne à Aphrodite nous montre la mère de l'amour et des grâces, souveraine universelle, ayant soumis à son empire le monde entier, les dieux et les hommes à l'exception de trois déesses

______

(1) J. Denis. *Histoire des théories et des idées morales dans l'antiquité.* Tome I.

en qui se personnifient trois caractères différents, déjà bien analysés, de la pureté virginale. C'est d'abord l'altière Minerve que « jamais Aphrodite n'a pu ni persuader, ni tromper. » Minerve est l'intelligence maîtresse d'elle-même planant au-dessus des sens qui voudraient retenir son sublime essor. Elle est la sagesse et la raison militantes, le génie créateur qui tend à s'affranchir de la matière pour la dominer, la soumettre et la transformer. « Elle n'aime point les travaux de Vénus, mais elle aime les guerres et les travaux de Mars, les combats, les batailles, et elle se plaît à préparer les œuvres glorieuses; la première elle enseigna à des hommes habiles entre les mortels à construire des litières et des chars d'airain de toutes sortes. C'est elle qui inspire les jeunes filles et donne à chacune le goût et le talent de composer de gracieux ouvrages (1). » Seule entre tous les dieux, la vierge auguste et puissante ose parler à Jupiter en courroux et seule elle a le pouvoir de le persuader. A sa voix irrésistible, le bouillant Achille lui-même remet le glaive dans le fourreau, vouant obéissance à la divine raison. Minerve veille au chevet des Pénélope et des Nausicaa; c'est elle qui donne aux humains la sagesse et aux sages le bonheur.

La souriante Aphrodite ne peut non plus subju-

(1) Hymne à Vénus.

guer Diane Artémis ; ce qu'elle aime, c'est l'arc, ce sont les courses bruyantes, la tumultueuse poursuite contre les bêtes fauves sur le flanc des montagnes désertes ; ce sont les ombrages épais, les sons du cor, les chœurs de danse et les assemblées de citoyens justes (1). Diane est la pureté farouche et implacable à qui longtemps furent immolées des victimes humaines ; l'irréconciliable ennemie de Niobé, qui perce de ses flèches mortelles l'enfant réfugié dans les bras de sa mère. C'est elle qui assiste aux tortures des femmes en proie aux maux de l'enfantement. Diane est la femme sans entrailles, la chasteté froide, dure et impitoyable qui ne devrait point compter pour vertu, car elle est ce qu'il y a de moins humain dans l'humanité. L'homme le plus barbare s'attendrit de pitié à la vue de l'enfance faible et fragile. Mais la vierge insensible comme Diane Iphigénie, et à toute parole d'amour, et aux pleurs de l'innocent, celle-là, rien ne la peut émouvoir ni toucher.

La vierge par excellence, c'est Hestia, la sainte pudeur, la chasteté pieuse que toute femme doit adorer et posséder ; elle est la pierre même du foyer. « La vénérable Hestia, dont Neptune et Apollon ont brigué la main ; mais elle repoussa l'hymen, et prenant la tête de Jupiter qui porte l'égide, elle prononça un grand serment qui s'est accompli.

(1) Hymne à Vénus.

Elle jura de rester toujours vierge... Son père lui accorda un glorieux privilège au lieu du mariage ; il l'établit au milieu de chaque maison pour y recevoir les premières offrandes. Dans tous les temples des dieux on lui rend des hommages, et chez les mortels, elle est, de toutes les divinités, la plus révérée (1) ».

Remarquons-le, ce n'est pas la matrone Cérès, c'est la vierge Hestia qui préside au foyer. N'est-ce pas une déesse vierge qui doit veiller sur les jeunes filles, et ne faut-il pas, même entre les époux, un arbitre divin revêtu d'un caractère exceptionnel et neutre, qui le rende impartial et toujours équitable? Hestia est cet arbitre accepté, aimé de tous. Femme, elle a saintement renoncé aux joies de de l'épouse et de la mère, et ce renoncement volontaire soumet également à ses lois tous les âges et tous les sexes, transformant le foyer que sanctifie sa présence en un temple sacré. Trouva-t-on jamais un symbole plus délicat de la justice dans la famille ? La pureté ayant pour but le dévouement, voilà le trait hautement moral qui fait d'Hestia la plus sympathique des trois vierges olympiennes. La mythologie grecque a donc contribué pour un riche apport à l'élaboration de l'idée de pureté. Quant à l'idée de maternité, elle trouve (en Cérès, notamment) des représentations trop bien connues pour qu'il y ait lieu d'insister.

(1) Hymne à Vénus.

Le mythe de Pandore, quel que soit son lieu d'origine, a été recueilli par Hésiode; la femme considérée comme un élément subversif du bon ordre et comme l'initiatrice du mal, le sentiment en opposition avec la loi, cette conception revêt une forme grecque et se manifeste dès le temps où Homère représente si glorieusement l'harmonie entre le sentiment et le régime social établi, et élève si haut la femme dans sa destination normale. Nous avons montré la prédominance de ce type vrai idéalisé; mais essayer de dire selon quelle mesure et dans quelles proportions Homère, d'une part avec son école, et de l'autre Hésiode, sont d'accord avec la réalité, ce serait aborder une question insoluble. Ce sont bien deux écoles, en effet; et elles sont caractérisées par ce mot attribué à un roi de Sparte : Homère est le poète des hommes libres, et Hésiode, le poète des Ilotes.

Une chose est certaine; le progrès dans l'humanité a toujours été, jusqu'ici, le développement isolé de quelqu'une de nos forces, c'est-à-dire la rupture d'une harmonie antérieure. Nous ne devons donc pas passer entièrement sous silence les indices de la décadence héroïque qui marquent une crise dans le mouvement progressif de la civilisation grecque. Le peu que nous avons à ajouter, pour conclure, à ce que nous avons dit des tendances comparées d'Homère et d'Hésiode, montrera combien chez les deux poètes, le système d'idées est un

et logique, et comment le type de Pandore répond
à une conception d'ensemble chez le chef de l'école
didactique.

Encore une fois, la société dépeinte par Homère
est essentiellement aristocratique, et le vrai type
féminin est nécessairement aristocratique au début ; puisque l'affranchissement des travaux péni-
bles est la seule condition qui permette à la femme
de développer ses qualités propres et d'exercer
son influence esthétique et morale. La position
d'Hésiode, eu égard à cette société, est celle du
moraliste mécontent, hostile, non pas tant au
régime, absolument parlant, qu'aux altérations du
régime. Il cherche à remplacer par de nouveaux
principes l'insuffisance des principes régnants. Il
ne voit qu'abus autour de lui, et en ce qui concerne les femmes, par exemple, il est évident que
le code de convenances tout extérieures qui, dans
Homère, règle leur situation et leur conduite dans
les classes aristocratiques, ne peut s'appliquer
entièrement aux couches sociales inférieures. Nous
n'hésitons pas à croire que celles-ci n'égalaient ni
en vigueur morale, ni en vigueur physique, les
héros, et que les plaintes d'Hésiode ont leur raison
d'être et leur vérité.

D'où vient, par exemple, la douceur envers les
femmes qui est si frappante chez les deux poètes,
et qui semble tellement en contraste avec la barbarie des temps ? Elle ne peut s'être répandue que

par l'ascendant des classes les plus civilisées. Homère ni Hésiode ne nous montrent jamais une femme victime d'un de ces meurtres domestiques si fréquents alors, qu'on appelle meurtre involontaire, le crime commis sans préméditation. La coutume est impuissante à réprimer les colères homicides de ces hommes toujours armés, et toujours emportés aux extrêmes par la vigueur exubérante de leur nature. Une seule répression, un seul frein moral arrête ou châtie ces passions indomptées; c'est la redoutable malédiction maternelle qui voue aux furies vengeresses le fils souillé du sang d'un de ses proches. Ce caractère sacré de la malédiction maternelle (qu'on pourrait rattacher sans doute à quelque origine sacerdotale), ce pouvoir spirituel de la femme, intimement lié à la douceur des mœurs envers elle, ne peut surgir spontanément à l'état populaire. Cela suppose nécessairement un certain prestige que la femme acquiert par le loisir, par la vie à l'intérieur et par des rapports de société d'un sexe à l'autre avec de la solennité dans ces rapports. Douceur et prestige eussent succombé, si les femmes s'étaient trouvées mêlées à la vie du guerrier comme, dans les classes dépeintes par Hésiode, la femme se mêle à la vie du travailleur. Sur ce point, les mœurs homériques avaient trouvé une juste mesure. La femme protégée par la présence de son mari prend part aux réunions les plus nombreuses. Arété et

Hélène siègent au milieu de leurs hôtes et président les repas publics dans leur palais. La première de ces reines sort fréquemment et se montre dans la ville où elle est personnellement populaire comme fille du dernier roi, comme nièce et épouse du roi régnant, et comme un arbitre toujours équitable et bienveillant. Mais d'autre part, la jeune fille, la femme isolée, Pénélope, ne peut séjourner au milieu des hommes et ne doit se présenter en public qu'entourée de suivantes et tout à la fois parée et voilée. Télémaque responsable des égards dus à sa mère tremble quand il l'aperçoit au seuil de la salle du festin, de peur d'encourir la honte, s'il ne pouvait empêcher quelqu'un des rivaux aveuglés par de copieuses libations de manquer de respect à la reine. Ainsi, respect et protection envers la femme, publicité des rapports de société ou vie de retraite dans l'intérieur, ces traits de mœurs, loin d'être contradictoires, constituent l'existence féminine aristocratique et l'existence la plus féminine de l'époque. Ce n'est point là une conjecture. Homère marque clairement à cet égard, la différence des coutumes selon les classes. Deux apparitions de Minerve, dans un même épisode de l'*Odyssée*, mettent en scène successivement une jeune fille de la plus haute classe, puis une de la classe moyenne. La déesse prend d'abord la figure d'une amie de Nausicaa et engage la princesse à demander à son père un char pour se transporter

11

au bord du fleuve, parce qu'il ne serait pas convenable de se rendre à pied si loin de chez elle. Ensuite, Minerve, qui a conseillé à Nausicaa de ne se point montrer à pied, se déguise en une jeune fille d'une respectable famille de la ville, sortant seule, son amphore sur la tête, et ne faisant point difficulté de causer avec Ulysse, un inconnu, de lui indiquer le chemin et de l'accompagner, dernier service que Nausicaa refusait de rendre de peur des médisants. Les habitudes de réserve extérieure sont donc plus strictes à mesure qu'on s'élève dans l'échelle sociale. (La même observation se retrouve dans les *Nibelungen* où cette réserve contraste avec la vie mondaine beaucoup plus répandue). L'idée chevaleresque de se soumettre aux volontés des femmes (on serait tenté de traduire des *dames*), idée exprimée par le roi Alcinoüs, par un de ses hôtes et par Priam, ne se concevrait pas plus que la retraite des femmes, avec les exigences de la vie active, mais étroite et pénible des travailleurs. Et encore l'amitié d'homme à femme que nous voyons régner entre Hector et Hélène, Patrocle et Briséis, et que nous pressentons entre Clytemnestre et l'aède auquel la confia Agamemnon, cette amitié est une anticipation des mœurs modernes plus civilisées, un trait d'éducation, de mœurs raffinées, de développement moral qui est un privilège rare et exclusif. Aussi n'apparaît-il pas dans Hésiode. Ajoutons que l'amour du beau, si nécessaire à l'influence des femmes, pouvait être passionné déjà chez tous les Grecs, mais qu'il s'entretenait et se cultivait davantage parmi les privilégiés. A cette époque antérieure à la naissance du grand art, alors que la femme est la seule image artistique du beau, les filles et les femmes des chefs étaient plus belles, partant plus femmes que les femmes inférieures à qui manquaient pour se mettre en évidence, la parure, la vie douce et élégante et surtout une cour d'admirateurs qui les saluât reines. Les héroïnes d'Homère semblent ne point vieillir, tant les hommages continuent de s'empresser autour d'elles. Rien ne fait pressentir qu'une Arété, une Pénélope, une Hélène, soit menacée dans son prestige social par le déclin des ans.

La méfiance et la crainte de la beauté séductrice, l'idée de la femme socialement et moralement malfaisante, serait évidemment contradictoire avec la conception aristocratique et barbare de la femme héroïque. C'est donc ailleurs qu'il nous faudra chercher Pandore, mais sans nous contenter de cette explication trop facile qui consiste à appeler misogyne un Hésiode ou un Euripide.

Descendons aux couches sociales inférieures, aux masses plus compactes, où la collaboration à un travail commun, avec ses avantages et ses inconvénients, remplace le prestige féminin. Quels principes y présidaient à la conduite et à l'appréciation des femmes? Et de quel œil celles-ci considéraient-elles leur rude condition comparée à la vie féminine telle qu'elle se réalisait au-dessus d'elles? Interrogeons le moraliste Hésiode. Moraliste au sens propre du mot; il n'appuie pas sa morale, comme Homère, sur des formes, des bienséances, des obligations extérieures; sa morale est un ensemble de principes fixes, rigides, absolus; il prétendrait faire régner la vertu. Or, en prêchant la saine mais austère loi du travail, Hésiode rencontre partout en son chemin l'inévitable perturbatrice, la femme, en qui le désir de la parure, le goût des divertissements et le besoin de plaire a pour conséquence l'oisiveté de l'un des deux membres du couple humain; d'où l'excès du labeur pour l'homme, la perdition de la famille et de la société.

Hésiode, ne considérant pas assez les plus hauts aspects de la vocation féminine, compare la travailleuse avec le travailleur; l'énergie de l'un avec la mollesse de l'autre. Bouche inutile, sorte de gracieux vampire qui se nourrit à la sueur du front de l'homme, compagne des jours prospères, mais non de l'adversité, la femme a horreur des privations, de la pauvreté, de l'effort. Elle veut faire de sa vie une longue fête; elle veut, l'irrésistible charmeresse, plonger au cœur de l'homme l'amour, fléau cher aux mortels, et détourner le malheureux qu'elle a fasciné du labeur, de la raison et de la sagesse. Au demeurant, il serait souhaitable que l'homme pût vivre sans la femme ; mais, hélas ! elle est un mal nécessaire ; le berger d'Ascra le reconnaît en peignant sous les traits les plus sombres la pitoyable existence du célibataire. Il faut donc bien braver les chances si douteuses du mariage. Une bonne compagne, Hésiode le déclare, est le plus grand bonheur sur la terre ; mais combien rare une telle fortune !... Celui à qui échoit une mauvaise épouse, celui-là est rivé au plus redoutable des maux. Race de Pandore, ornée par les immortels des attraits les plus perfides et des dons les plus pernicieux, la femme est le mal incarné, le mal envoyé sur la terre par un dieu jaloux, en compensation du feu, ce bien inestimable dérobé par Prométhée en faveur des hommes. En vain, le *Prévoyant*, c'est-à-dire Prométhée, essaye d'inculquer à son frère une sage méfiance. Le fol Épiméthée, qu'éblouit Pandore, tombe au piège de Jupiter en introduisant dans sa maison la beauté accomplie, source de tous les maux.

Et cependant, Hésiode ne parle ni de dompter, ni de soumettre, ni de châtier le démon féminin. Pandore est trop aimée. Hésiode conseille simplement à celui qui veut se marier de mettre de son côté toutes les bonnes chances, de choisir mûrement et dans son voisinage où il pourra se renseigner ; de prendre une vierge, afin de la former aux bonnes mœurs et au travail et de n'être point la risée de ses amis. Voilà à quoi se réduisent en définitive ses préceptes pour la vie domestique. Il serait aisé de montrer les points communs entre son idéal moral et celui d'Homère. Son portrait de la femme est peu flatteur; mais on peut conjecturer qu'il en avait emprunté les traits à la vie réelle. Il est supposable, en effet, que les femmes des classes moyennes et inférieures n'acceptaient point leur sort comme les femmes d'Homère; parce que leur sort était moins conforme aux tendances les plus intimes de leur nature. Sans doute, elles aspirèrent aux brillants loisirs où leur beauté se fût épanouie; sans doute la voix du plaisir trouva plus d'écho chez les femmes à qui le travail ingrat était proposé pour unique but; et, n'étant point retenues, comme les femmes de héros, par le frein d'une réputation à perdre, elles pouvaient perdre aussi plus facilement le respect d'elles-mêmes.

Les griefs d'Hésiode sont fondés, si l'on veut considérer les déviations morales dues à l'influence des femmes, et oublier le rappel au but supérieur, le rappel à la vie de l'âme qui est également dû à cette influence. Tantôt stimulant l'homme au travail et tantôt l'en détournant pour l'élever à des préoccupations plus hautes, les dispositions instinctives de la femme, telles que le goût de la fête et de la parure, la crainte de l'effort, de la privation, de la pauvreté (dispositions funestes lorsqu'elles ne sont point réglées), deviennent, bien dirigées, indispensables à la mission féminine. Encore une fois, Hésiode est vrai en nous montrant le revers de la médaille homérique qui figure une société trop semblable à un organisme parfaitement sain et à un individu parfaitement beau. Chose remarquable ! Homère qui croit au progrès, représente un tout complet en soi, dont la civilisation dans sa marche en avant, brisera fatalement le moule ; et le pessimiste Hésiode, au contraire, qui croit à la décadence (non sans le vague espoir d'une future rénovation possible), signale la voie révolutionnaire par laquelle s'est inauguré le progrès.

Concluons. Les deux conceptions d'Homère et d'Hésiode, loin d'être inconciliables et contradictoires, ont vécu en proportions inégales dans une même société. Cette vue du passé peut nous apprendre à concilier mieux dans l'avenir l'harmonie avec le développement, l'ordre avec le progrès, la stabilité avec le mouvement. En ce qui concerne la destinée féminine, si l'on ne croit pas que, de nos jours, tout soit pour le mieux dans le meilleur des mondes possibles, on aimera à retrouver à travers l'histoire un idéal constant, plus ou moins imparfaitement réalisé. C'est le caractère révolutionnaire du progrès, caractère inévitable jusqu'ici, qui a le plus nui à une amélioration éclairée du sort des femmes. Le progrès définitif qui reste à accomplir ne consistera donc point à introduire des nouveautés. Il doit être le retour à l'harmonie ;

nous n'entendons pas par là une réaction, mais une harmonie plus vaste, ralliant toutes les conquêtes obtenues à travers les siècles au prix des plus cruelles perturbations; une unité plus forte, faisant de toutes les complexités de la vie moderne une hiérarchie morale au lieu de l'anarchie actuelle. Montrer historiquement, comme nous avons essayé de le faire dans cette étude, que dès les premiers âges barbares, l'idéal féminin signifie la stabilité, la continuité, la permanence de nos meilleurs sentiments, et que l'avenir doit s'attacher fortement à ces traditions morales trop souvent dédaignées c'était, nous l'espérons, satisfaire non pas une vaine curiosité de l'esprit, mais un désir très généralement senti de connaître pour améliorer.

(Cette étude fut publiée pour la première fois dans la *Revue Germanique*.)

TABLE DES MATIÈRES

Alençon. — Imprimerie F. GUY, 11, rue de la Halle-aux-Toiles

www.ingramcontent.com/pod-product-compliance
Ingram Content Group UK Ltd.
Pitfield, Milton Keynes, MK11 3LW, UK
UKHW021910070726
13613UKWH00001B/441